Apparence et normativité en droit public

Logiques juridiques
Fondée par Gérard Marcou
Dirigée par Thomas Perroud

Le droit n'est pas seulement un savoir, il est d'abord un ensemble de rapports et pratiques que l'on rencontre dans presque toutes les formes de sociétés. C'est pourquoi il a toujours donné lieu à la fois à une littérature de juristes professionnels, produisant le savoir juridique, et à une littérature sur le droit, produite par des philosophes, des sociologues ou des économistes notamment.

Parce que le domaine du droit s'étend sans cesse et rend de plus en plus souvent nécessaire le recours au savoir juridique spécialisé, même dans des matières où il n'avait jadis qu'une importance secondaire, les ouvrages juridiques à caractère professionnel ou pédagogique dominent l'édition, et ils tendent à réduire la recherche en droit à sa seule dimension positive. À l'inverse de cette tendance, la collection « Logiques juridiques » des éditions L'Harmattan est ouverte à toutes les approches du droit. Tout en publiant aussi des ouvrages à vocation professionnelle ou pédagogique, elle se fixe avant tout pour but de contribuer à la publication et à la diffusion des recherches en droit, ainsi qu'au dialogue scientifique sur le droit. Comme son nom l'indique, elle se veut plurielle.

Dernières parutions

Rigobert N. BUTANDU, *La neutralisation judiciaire de Joseph Kabila Kabange, Un tournant décisif pour la justice et la responsabilité en Afrique*, 2026.
Evelyne BONIS et Charlotte CLAVERIE-ROUSSET (dir.), *La délinquance lucrative. Tome 1 : Formes et approches criminologiques*, 2026.
Evelyne BONIS et Charlotte CLAVERIE-ROUSSET (dir.), *La délinquance lucrative. Tome 2 : Traitement procédural et sanctions,* 2026.
Maëlenn CORFMAT, *Intelligence artificielle et données de santé, Droit comparé : France, Québec et Californie*, 2026.

Sous la direction
d'Abraham Le Guen & Noémie Le Peuvédic

Apparence et normativité en droit public

L'Harmattan

Actes du colloque du 14 mars 2025 organisé à l'Université Paris 1 Panthéon-Sorbonne

5-7, rue de l'École-Polytechnique – 75005 Paris

www.editions-harmattan.fr

ISBN : 978-2-336-61400-7
EAN : 9782336614007
Dépôt légal : août 2026

SOMMAIRE

NORMATIVITE DE L'APPARENCE

L'apparence objet de droit public

L'apparence sujet de droit public

AVANT-PROPOS

Olivier RENAUDIE
Professeur de droit public à l'Université Paris 1 Panthéon-Sorbonne
Directeur de l'École doctorale de droit

Le présent ouvrage trouve son origine dans un appel à projet élaboré par le département « droit public interne » de l'École doctorale de droit de l'Université Paris 1 Panthéon-Sorbonne. Lancé en mars 2024, celui-ci visait à encourager l'organisation d'une journée d'étude par des doctorants. Plusieurs raisons peuvent justifier cette volonté d'organiser ce que certaines Universités appellent un colloque « doctorants ». La première raison est que cette formule peut donner aux doctorants concernés l'occasion d'une première expérience en matière d'organisation d'une manifestation scientifique. La deuxième raison est que cette formule permet de mobiliser les doctorants, autrement qu'en assistant à des colloques, des séminaires de recherche ou des conférences : autrement dit, il s'agit de les faire passer du statut de spectateurs à celui d'acteurs. La troisième raison est que les précédentes éditions ont rencontré un certain succès et se sont traduites par de beaux ouvrages portant sur le consentement[1], sur le droit processuel public[2], sur le temps long[3] ou encore l'enquête en droit public[4]. L'appel à projet adressé à l'ensemble des doctorants prévoyait un cahier des charges à la fois strict et simple : le projet devait être conduit par deux doctorants ou récents docteurs, rattachés au département « droit public interne » ; il devait porter sur un sujet de droit public et présenter un certain degré de transversalité, c'est-à-dire trouver un écho dans plusieurs branches ou champs de celui-ci ; il devait associer des doctorants et des enseignants-chercheurs plus confirmés.

---

[1] FORT Louise et GUYONNET Jean-Baptiste (dir.), *Consentement et droit public*, L'Harmattan, 2021.

[2] VINCE Valentin et VINCENT Romain (dir.), *Le droit processuel public*, Mare et Martin, 2023.

[3] DUVERGER Fanny et HAVARD Lucie (dir.), *Temps long et droit public*, Mare et Martin, 2023.

[4] BOUCHER Vincent et SEU Samuel (dir.), *L'enquête en droit public*, Mare et Martin, 2024.

Après en avoir délibéré, le jury, composé de trois collègues ayant accepté de donner un peu de leur temps précieux, a choisi à l'unanimité celui porté par M. Le Guen et Mme Le Peuvédic, portant sur les liens entre apparence et normativité en droit public. Deux motifs principaux peuvent expliquer ce choix. Le premier motif tient à l'originalité d'un tel sujet : le moins que l'on puisse dire est que l'apparence ne s'inscrit pas en gras parmi les grandes notions du droit public. Si celle-ci trouve un écho dans nos esprits, son contenu et ses contours demeurent marqués par un certain flou. Ses relations avec la normativité apparaissent tout aussi ambiguës. L'apparence[5], qui peut être définie de manière stipulative comme ce qui est évident, à savoir ce qui, dans une situation juridique, peut être connu sans recherches approfondies, est au cœur de nombreux enjeux contemporains, économiques, sociaux et bien-sûr juridiques. Comment ne pas penser, par exemple, à la théorie de l'apparence, appliquée à la fois en droit civil et en matière de procès devant le juge, judiciaire, administratif et européen[6] ? Le second motif tient à la transversalité du sujet[7] : à l'image du sommaire de l'ouvrage, toutes les branches du droit public sont concernées : le droit constitutionnel, le droit parlementaire, le droit administratif, les finances publiques, le droit de l'environnement ou encore, logiquement, la théorie du droit.

Sur le fond, on ne peut que se réjouir de l'intérêt porté par des doctorants à l'apparence et aux relations complexes que cette notion entretient avec la normativité : cela nous semble témoigner d'une certaine audace, mais également d'une prise de recul et d'un regard critique sur le droit public contemporain, qualités absolument nécessaires lorsqu'on élabore une thèse de doctorat. De ce point de vue, on ne peut que féliciter M. Le Guen et Mme Le Peuvédic, doctorants de grand talent, d'avoir osé affronter ce sujet difficile. Sur la forme, on voudrait terminer cet avant-propos en formulant des remerciements et un regret. D'une part, nous souhaitons remercier Mme Tatiana Lauréat,

---

[5] V. JOBARD-BACHELLIER Marie-Noëlle, « Apparence » *in* Alland Denis et Rials Stéphane (dir.), *Dictionnaire de la culture juridique*, PUF-Lamy, 2003, p. 76 ; SURIOUS Jean-Louis, « La croyance légitime », *D.* 1982, p. 3058.

[6] Sur la théorie de l'apparence, voir notamment : CANDREAU Stéphanie, « La théorie de l'apparence en droit administratif : vertus et risques de l'importation d'une tradition de *Common Law* », *RDP*, 2005, p. 319.

[7] Pour une illustration de cette transversalité, v. : WEISS Jean-Pierre, *L'apparence en droit administratif français*, Thèse, Université Paris 2 Panthéon-Assas, 2009.

gestionnaire du département « droit public interne » pour son appui précieux dans la réalisation de ce projet scientifique : grâce à elle, tout est toujours possible. D'autre part, nous souhaitons remercier les différents contributeurs de cet ouvrage collectif, en particulier notre collègue Sébastien Hourson, qui a relevé avec brio le défi de l'impossible synthèse. Malheureusement, il est permis de se demander si cet ouvrage n'est pas le dernier d'une belle série. La réalisation de celui-ci, tout comme la journée d'étude dont il est issu, ont pris place dans un contexte budgétaire très dégradé pour l'École doctorale de droit de la Sorbonne. Nous tentons, comme nous le pouvons, de résister à ce mouvement d'austérité. Le présent ouvrage, soutenu de ses maigres forces par l'École doctorale, en est l'incarnation flamboyante. C'est le charme du droit, on peut continuer à faire de la recherche avec des moyens dérisoires et, d'une certaine manière, sauver les apparences. Pour combien de temps ?

PROPOS INTRODUCTIFS

Abraham LE GUEN & Noémie LE PEUVEDIC
Doctorants en droit public à l'Université Paris 1 Panthéon-Sorbonne

« Mais les choses les plus simples dans la nature ne s'abordent pas sans y mettre beaucoup de formes, faire beaucoup de façons, les choses les plus épaisses sans subir quelque amenuisement. C'est pourquoi l'homme, et par rancune aussi contre leur immensité qui l'assomme, se précipite aux bords ou à l'intersection des grandes choses pour les définir. Car la raison au sein de l'uniforme dangereusement ballotte et se raréfie : un esprit en mal de notion doit d'abord s'approvisionner d'apparences. »

Francis Ponge, *Bords de mer*.

Introduction

Au détour des joyeusetés apportées par le concours d'agrégation de droit public[1], les candidats de 2022 ayant choisi le droit administratif pouvaient piocher le sujet suivant : « la distinction entre légalité interne et externe a-t-elle toujours un sens ? ». Si la légalité interne renvoie aux conditions de fond que doit respecter une décision administrative pour être légale, les conditions de forme renvoient quant à elles aux règles de compétences, *de forme* et de procédure que doit respecter une décision administrative pour être légale. Cette tension révèle tout l'enjeu de l'apparence, soulignant la nécessité d'un certain esthétisme juridique indispensable à la légalité d'une décision administrative.

Du seul point de vue de la légistique, l'apparence fait le lien entre le contenu de la norme et la manière dont ce dernier est appréhendé par ses destinataires. La manière dont le droit est rédigé va donc influencer la réception de la norme. Il est donc nécessaire de se demander ce qui doit être rendu visible par cet aspect extérieur Ces éléments remettent justement en question le formalisme juridique en interrogeant de manière plus profonde les interactions entre l'apparence et le Droit. Ainsi abordé, ce constat dépasse le seul droit administratif pour toucher

[1] Sûrement ne faut-il pas tenir rigueur à quelques doctorants ambitieux d'introduire les propos de cet ouvrage par une telle référence.

l'ensemble du droit public, dans toutes ses incarnations : règle de droit, décision de justice, processus juridique, etc. Ces dernières tendent à comporter une norme, soit – dans sa définition minimale – un contenu prescriptif relatif à une conduite.

Les multiples facettes de l'apparence, tantôt téléologique, tantôt sensible, tantôt révélatrice, rendent la réalisation d'une définition stricte et concise particulièrement difficile. Il semble impossible d'en développer des traits caractéristiques tels que permettant une définition la différenciant alternativement de l'esthétique, de la sécurité juridique, de la sanction … en bref, la voie de la définition conceptuelle établie à l'aune d'un examen systématique apparait impossible.

En ce sens, l'usage transversal du terme « apparence » ne permet pas de considérer ce dernier comme une notion bénéficiant d'un régime applicable à l'intégralité du droit. La multiplicité de ces mentions renvoie à une pluralité entrant nécessairement en tension avec l'unicité de l'intuition quant à ce que signifie l'apparence. Il reste alors une seconde option : celle de l'apparence comme instrument de la normativité. Dans ce cadre, l'apparence tend à répondre à une fonction. Il semble donc en amont qu'il faille donc écarter la tentation d'effectuer toute recherche à caractère systématique résultant à un raisonnement sous forme binaire : notion-régime.

S'il fallait encore prouver ce truisme, de telles interrogations reflètent bien le dépassement de la scission entre les exigences de forme (l'apparence) et de fond (la substance).

I. Une étude interdisciplinaire

La présence de l'apparence dans le monde juridique ne relève pas uniquement du droit, mais nécessite une analyse plus poussée, parfois « en dehors des murs » afin de comprendre sa place. Les matières proches au droit telles que la sociologie, la philosophie, la psychologie, ou encore l'esthétique, semblent apporter des éléments de réponses à l'interaction multiple et parfois difficilement explicable entre le droit et l'apparence.

Si l'apparence peut être tant étudiée, faut-il se satisfaire de la rareté des ouvrages, et de leur lien avec les autres domaines, sur la question en droit ? Le faiseur de systèmes insatisfait doit se tourner vers le passé pour répondre à cet inconfort.

Si une étude juridique révèle l'absence d'intérêt véritable en droit en raison de sa *répétition* et de son *inadéquation*, cette dernière apporte un nouveau prisme d'étude.

La répétition - car étudier l'apparence reviendrait à mimer vaguement des réflexions platoniciennes - invoquant à l'appui d'un argumentaire juridique la différence entre monde sensible et idéel. Pour cela il convient de prendre en compte le caractère rapidement restreint des développements par la matérialité du droit.

Inadéquation ensuite – et de manière peut-être un peu plus polémique – lors d'un examen effectué en termes d'histoire de la philosophie, particulièrement par l'étude de la phénoménologie pourtant fréquemment mobilisée à l'appui des études sur l'apparence. Sans entrer dans le détail des différentes recherches qui résultent de l'importation de la phénoménologie en droit français[2], sous l'influence notamment du Professeur Paul Amselek, résumons-les par les mots de ce dernier : la phénoménologie serait « la volonté de saisir les choses sans détour, dans leur sobre et franche pureté phénoménale »[3].

Non que l'étude du droit par le prisme de la phénoménologie soit dénuée de tout intérêt. Il est nécessaire de s'intéresser en amont à « l'entreprise désespérante »[4] de définition de l'objet droit qui peut y trouver quelques outils intéressants par l'épuration de l'interrogation. Encore faut-il admettre qu'une telle définition puisse avoir véritablement davantage d'intérêt qu'une définition de la norme, de l'interprétation juridique, … ou autres entreprises d'explications holistiques du droit.

Or, toujours comme le souligne le Professeur Amselek, l'intérêt de l'utilisation d'une méthode phénoménologique, de retour à la chose en elle-même, réside justement dans une réflexion en théorie du droit, et il y a quelque chose de contreproductif à vouloir l'appliquer à un objet doctrinal particulier. Une telle étude reviendrait en effet à l'observation

---

[2] D'abord sous la plume d'Edmund Husserl puis de Paul Ricoeur.

[3] AMSELEK Paul, *La phénoménologie et le droit*, Sirey, 1972.

[4] VIRALLY Michel, *La pensée juridique*, LGDJ, 1960, p. 1.

d'itérations particulières que la méthode phénoménologique cherche justement à dépasser. En somme donc, l'apparence comprise comme phénomène révélateur d'une nature plus profonde de certains éléments du droit semble être un chemin bien piégeux. En tentant d'observer la part d'apparence – par opposition à la chose en elle-même – nous ne ferions qu'obscurcir la réflexion portant sur l'objet droit en lui-même, et partant, nous irions à l'encontre de l'intérêt que nous pouvons trouver dans l'étude d'une recherche en termes phénoménologique et explicative du droit. À nouveau : une explication contreproductive et, pour notre objet, peu pertinente.

Il est donc nécessaire en amont d'écarter toute réflexion sur l'apparence comme révélatrice d'une nature plus profonde, comme discours sur le droit pris dans ses différentes figures, dès lors que ses incarnations spécifiques empêchent justement de développer un discours holistique sur la question.

II. Une étude d'un instrument au service du droit

Il est difficile, pour tout juriste, d'échapper à l'apparence. En effet, cette dernière apparait comme une manifestation du droit, une manière de rendre le Droit – ou ce qu'il véhicule- comme visible et valide.

Le discours juridique, reflétant parfois un discours politique – par volonté ou nécessité – éloigne souvent la forme du fond. L'acceptation et l'appréciation du Droit s'en retrouvent donc confondus. Ces éléments, renforcés par les évolutions de l'apparence du Droit, tendent à modifier la réception du droit, par les juristes comme par le reste de la population. Interrogeant ainsi la normativité, l'apparence est un élément perturbateur, voir facteur de modification du droit.

L'apparence peut ainsi être sujet de Droit : c'est le cas de la bien connue théorie de l'apparence, visant à pallier la déception causée par l'illusion de légitimité d'une action accomplie de bonne foi. Cette dernière favorisant une certaine sécurité juridique n'est qu'une manifestation de l'apparence. L'apparence peut néanmoins jouer en sa défaveur lorsqu'elle révèle au contraire sa mauvaise foi. Se pose également la question de la réception d'une norme lorsque son apparence est opposée à son contenu. Pour les civilistes, l'erreur de tous fait le droit (*error communis factit jus*). La force probatoire de l'apparence permettrait ainsi le dépassement de son caractère révélateur, pour devenir performatif moyennant la sincérité de celui en bénéficiant.

De fait, la forme ne traduit pas toujours le fond, ou du moins pas correctement. Le recours à des artifices esthétiques visant à rénover l'apparence d'un élément juridique est de plus en plus courant. Il y aurait donc une certaine opacité, un esthétisme juridique poussé qui irait jusqu'à représenter un élément juridique éloigné de sa réalité, voire opposé à la réalité. N'est-ce pas justement le cas de l'appellation des steaks végétaux qui n'ont aucune substance animale, ou encore des consultations publiques qui donnent l'impression aux consultés que leur avis est suivi ? Or, si l'apparence nous induit en erreur, par rapport à son contenu, quelle règle de droit faut-il suivre ?

L'admission d'une réalité dévoilée, ou au contraire volontairement cachée par l'admission d'une apparence protectrice, conduit ainsi à l'admission de la production d'une réalité juridique distincte de la réalité des choses. D'où – de manière assez classique – le droit serait producteur d'un discours de validité légitimant de manière interne l'admission d'une réalité qui lui serait particulière. Qu'importe que quelque chose semble intrinsèquement faux, s'il nous est cohérent et possible de maintenir cette apparence en tant que juriste, libre à nous de considérer cette fiction légitime, car valide.

À nouveau, cela nous semble difficilement admissible du fait de deux présupposés hautement critiquables. Le premier est que l'admission d'un discours juridique producteur d'une validité se confondant avec sa légitimité conduit *a fortiori* à l'admission de situations éthiquement intenables dont on ne saurait admettre la moindre occurrence. Il y aurait donc le rejet d'une conception formelle comme seule productrice de normativité[5]. C'est ce qui semble ressortir d'une décision du Conseil Constitutionnel du 21 avril 2005 dans

[5] CHAMPEIL-DEPLATS Véronique, « N'est pas normatif qui peut. L'exigence de normativité dans la jurisprudence du Conseil constitutionnel », *Cahier du droit constitutionnel*, n°21, janvier 2007.

laquelle une traduction littérale du fond dans la forme, une quasi-transparence donc, est indispensable à la validité de la norme[6]. C'est d'ailleurs ce que soulignait Victor Hugo, « la forme, c'est le fond qui remonte à la surface ». L'apparence doit alors se renforcer d'une charge axiologique tirée d'un objectif éminent : équité, sécurité juridique, etc.

De plus, l'admission d'une réalité des choses séparée de la réalité du droit induit la production d'une qualification juridique opération de transsubstantions. Il y aurait alors un monde des faits auquel viendrait se confronter le droit dans un duel dont il sort toujours victorieux, puisqu'il est bien connu que les professionnels du droit ayant horreur du vide, ils réussiront le plus souvent à ramener au sein de leur rhétorique tout objet saisit par le droit[7].

Telle séparation entre réalité des choses et réalité du droit est dangereuse d'abstraction. Elle fournit en effet au juriste le bénéfice de la lâcheté ; se cachant derrière les catégories juridiques correctement ficelées, il peut alors refuser de soumettre son appareil réflexif à des considérations extérieures. En ce cadre, l'apparence de validité se confondant avec la vérité légitime tend vers l'irrationalisme[8], et en se dénuant de tout idéal, permet d'ôter toute réflexion sur l'éminence de la rhétorique des scientifiques du droit.

L'appréhension de l'apparence comme discours du droit permet dès lors de mettre en exergue son caractère instrumental, et justifie son utilisation au singulier. C'est d'ailleurs ce genre de positionnement qui se retrouve le plus souvent dans les tentatives de traitement général de l'apparence. Après avoir mis en exergue la dichotomie apparence et réalité, il sera ainsi souligné que « l'affirmation selon laquelle la réalité n'existerait pas en droit trouve sa limite dans le contentieux »[9]. Ce dernier reviendrait alors à mettre bas les masques : ainsi de l'utilisation qui est faite de la théorie de l'apparence en droit privé le plus souvent,

---

[6] Cons. constit., 21 avril 2005, *Loi d'orientation et de programme pour l'avenir de l'école*, n°2005-512 DC.

[7] Économie faite des espaces de non-droit qui le sont justement parce qu'il nous est inutile de les étudier outre mesure (CARBONNIER Jean, *Flexible droit*, LGDJ, 1983).

[8] BOUVERESSE Jacques, *Rationalité et cynisme*, éd. de Minuit, 1985.

[9] DANIS-FATÔME Anne, *Apparence et contrat*, LGDJ, 2004.

particulièrement en matière contractuelle. L'apparence serait comprise par son effet.

Cet effet se retrouve à plusieurs niveaux : le fait de rendre acceptable une norme de droit et le fait de rendre celle-ci visible. Ainsi, l'apparence est mobilisée pour favoriser la réception de la norme émise.

C'est notamment le cas de l'acceptabilité de la norme de droit où l'apparence joue un rôle primordial. Cette dernière est intrinsèquement liée à sa création et sa réception. Ainsi, se développent les condamnations de justice à 1 euro symbolique afin de rendre acceptable par les uns et les autres la décision. Dans le même sens, la simple apparence d'une imposition sur les routes en Bretagne suffit pour faire rejeter l'acceptation d'une norme[10]. L'usage d'artifice afin de favoriser l'acceptabilité, et le vote d'une norme interroge les exigences de sincérité au sein de l'hémicycle[11]. Ces exigences revêtent-elles un enjeu démocratique ?[12] Que disent-elles des mutations contemporaines de l'espace public[13] ? Renforcée par une normativité de plus en plus dialoguée, l'apparence joue un rôle de plus en plus prégnant dans la réception et l'application de la norme de Droit[14].

En parallèle, l'évolution des nouvelles formes du droit, qui se sont accélérées depuis la crise de la covid-19, fait de l'apparence un sujet en tant que tel. C'est notamment le cas des nouveaux supports de communication des acteurs publics[15]. Ainsi, le renouveau des formes du droit apporte une nouvelle place à l'apparence[16].

Ce caractère instrumental de l'apparence s'affirme également lorsque cette dernière est comprise comme objet du droit : mesures d'urbanisme mobilisant la notion d'abords et à son appui, port du masque obligatoire à l'extérieur, proposition de loi visant à imposer la présence d'un buste de Marianne, etc[17]. Ces différentes manifestations de l'apparence en tant qu'objet tendent à refléter – à rendre visible –

[10] V. la contribution de Marta TORRE-SCHAUB au sein de cet ouvrage.
[11] V. la contribution du Professeur Alexandre GUIGUE au sein de cet ouvrage.
[12] V. la contribution d'Ulysse GUTTMANN-FAURE au sein de cet ouvrage.
[13] V. la contribution de Lune BOUSSELMANIA au sein de cet ouvrage.
[14] V. la contribution de Maria SAVRANINA au sein de cet ouvrage.
[15] V. la contribution de Julie PRALUS au sein de cet ouvrage.
[16] V. la contribution du Professeur Fabien BOTTINI au sein de cet ouvrage.
[17] V. la contribution du Professeur Noé WAGENER au sein de cet ouvrage.

des valeurs instaurées juridiquement[18]. L'apparence transmet donc une affirmation juridique dans l'espace public.

Ainsi, l'apparence vient non seulement façonner le discours juridique, mais aussi le traduire dans l'espace public[19]. C'est notamment ce qui se retrouve à travers le couple sujet/objet que présente l'apparence.

III. Une étude de la consistance de la norme

Il reste alors à admettre que les différentes itérations de l'apparence démontrent une instrumentalisation telle qu'il nous semble difficile – voire malhonnête – d'en développer une définition unique autre que fonctionnelle. Les itérations observées relèvent en effet le plus souvent d'une démarche téléologique obligeant à percer le voile de l'apparence. Le sentiment d'insuffisance de cette méthode mène à la tentation de la phénoménologie comme recherche du signifié, qui trouve en l'apparence une figure contreproductive, dès lors qu'elle contribue à obscurcir l'objet droit.

Apparait alors une issue : celle d'une analyse se voulant globale, mais échappant à toute volonté de réduction ontologique. C'est le choix ici effectué : celui du lien entre l'apparence et la normativité.

Le colloque s'inscrit donc dans une tendance normativiste faisant de la norme le type du phénomène juridique[20]. Poussée à son paroxysme, ce positionnement voudrait que le droit serait producteur d'une réalité, par le truchement de son expression normative, et à bien des égards, nombreuses des itérations de l'apparence qui seront étudiées ici devraient montrer justement une certaine façon qu'a l'apparence de fonctionner dans notre système réflexif interne.

Toutefois, ce n'est finalement pas tant cela qu'interroge l'apparence lorsqu'elle est prise dans sa dimension normative. C'est plutôt la consistance de la norme et son renouvellement à travers l'apparence qui

---

[18] V. la contribution de la Professeure Nilüfer GÖLE au sein de cet ouvrage.

[19] V. la contribution de monsieur Albert OGIEN au sein de cet ouvrage.

[20] BARANGER Denis, « L'évanescence de la norme : essai sur l'instabilité ontologique du phénomène normatif », *in* Aubert Isabelle, Djordjevic Elodie et Marmasse Gilles (dir.), *La pensée et les normes*, éd. de la Sorbonne, 2021, p. 185.

pose question. C'est notamment la position du Professeur Guillaume Tusseau dans sa thèse, consistant à voir ce contenu comme la portion de signification à déduire des divers énoncés produits par les acteurs du droit[21].

Comprise ainsi, analyser l'apparence par la consistance de la norme induit d'analyser la manière dont la norme émerge, la manière dont elle est exprimée, la manière dont elle se maintient, se transmet, s'interprète … en substance donc, *il s'agit de savoir comment l'apparence se trouve productrice, par le truchement du contenu, d'une normativité et partant, d'un comportement prescrit.*

Quels sont donc les ressorts de la normativité lorsqu'elle est prise à travers son apparence ?

Sûrement ces quelques réflexions auront suscité chez certains l'interrogation, l'indignation sur quelques-uns des positionnements pris, … mais il nous revenait d'ouvrir le débat, et si tel est le cas, notre office sera rempli.

[21] TUSSEAU Guillaume, *Les normes d'habilitation*, Dalloz, 2006.

Remerciements

Il parait indispensable de remercier les personnes sans qui la réalisation de ce colloque n'aurait pu avoir lieu tant d'un point de vue matériel que scientifique.

En amont, que soient remerciés l'École doctorale de droit public, et par son truchement, son directeur, le Professeur Olivier Renaudie, qui a sélectionné ce projet et qui en a accompagné la mise en place avec bienveillance tout du long du projet. Que soit également remerciée à cet égard Tatiana Lauréat, gestionnaire administrative du département, dont la sympathie et la constance professionnelles furent un soulagement tout au long de l'organisation.

Nos remerciements également aux participants à ce colloque pour la confiance qu'a traduit leur contribution ainsi que leurs réflexions qui ont permis la mise en place d'un tel ouvrage. S'ils ne figurent pas dans la liste des contributeurs, que soient à cet égard particulièrement remerciés les présidents de table ronde, le Professeur Pierre Brunet et le Sénateur Claude Raynal. A cet égard faut-il également exprimer notre reconnaissance à celles et ceux qui n'auront pas directement participé au colloque, mais dont les échanges à l'occasion de quelques invitations auront permis de mûrir ce projet dont l'exercice était nouveau pour nous, et plus particulièrement la Professeure Danièle Lochak.

Ces remerciements, ne sont pas le reflet d'une gratitude passagère, mais révèle l'expression d'une plus profonde reconnaissance dans la mise en place de ce projet.

L'APPARENCE DE LA NORMATIVITE

L'apparence sincère

LA SANCTION DE L'INSINCERITE

Alexandre GUIGUE
Professeur de droit public à l'Université Savoie Mont Blanc
Centre de recherche en droit Antoine Favre
Membre de la Chaire Droit et politique comparés - Université Jean Monnet Saint-Etienne

Résumé

La règle de sincérité souffre d'indétermination en finances publiques. Le juge et le législateur organique ont du mal à la cerner et son destinataire réel n'est ni le budget ni le compte, mais le gouvernement, qui dispose du monopole de la préparation des textes financiers. Ces vices affectent la sanction de l'insincérité. Le Conseil constitutionnel n'a, ainsi, jamais censuré une loi de finances pour ce motif. Quant au vote par les députés d'une motion de censure, il revêt un caractère exceptionnel sous la Ve République. L'impasse de la sanction a plusieurs causes. L'une d'entre elles est le manque d'expertise du juge et des représentants pour contrôler les prévisions macroéconomiques et budgétaires du gouvernement.

La consécration de la « sincérité » par la loi organique relative aux lois de finances du 1er août 2001 (LOLF) en a fait un principe incontournable du cours de finances publiques, généralement enseigné en deuxième année de droit. Les origines de la notion sont bien anciennes. On en trouve une belle trace dans le rapport présenté par le baron Louis, ministre des Finances, à Louis XVIII sur la situation des finances au 1er avril 1814 :

« Jamais il n'a été présenté au Corps législatif un budget sincère et complet, offrant l'ensemble et le montant réel des recettes et des dépenses de tous les exercices réunis »[1].

À l'époque contemporaine, c'est d'abord dans le domaine de la comptabilité publique que la notion apparaît dans une dimension juridique. Il s'affirme ensuite dans une dimension nouvelle, plus

[1] *Archives parlementaires*, t. XII, 1814, p. 171.

évanescente, avec l'acte 1 de la décentralisation qui a libéré les budgets locaux de la tutelle préfectorale. La sincérité budgétaire est née de la méfiance à l'égard d'élus locaux suspectés de vouloir manipuler les chiffres. Comme un certain nombre d'élus étaient aussi parlementaires, il n'a pas fallu longtemps avant que certains n'accusent à leur tour le gouvernement de manipulation dans la construction des projets de loi de finances et ne soulèvent l'argument devant le Conseil constitutionnel. Dix ans plus tard, le Conseil constitutionnel a accepté, d'abord timidement, de reprendre l'argument avant de le développer de manière significative. Encore une décennie plus tard, ou presque, ce sont ces mêmes parlementaires qui consacrent dans la LOLF tant la règle de sincérité comptable que celle de la sincérité budgétaire à l'échelle de l'État. La dernière étape de cet essor irrésistible est l'inscription du volet comptable du principe de sincérité dans la Constitution, à l'article 47-2, lors de la révision constitutionnelle de 2008.

Plus de vingt ans après l'adoption de la LOLF, le principe de sincérité se heurte à un problème de taille : jamais le Conseil constitutionnel n'a invalidé une loi de finances au motif de sa violation. Sans verser dans la conception théorique extrême qui veut qu'une règle n'existe pas en droit tant qu'elle n'a pas été sanctionnée par un juge, il est plus que légitime de s'interroger sur la sanction de l'insincérité en finances publiques. Or, à l'examen, la sanction est généralement perçue comme inutile lors de l'examen des comptes et impossible ou peu vraisemblable s'agissant des lois de finances. Dans ce cas, quelle juridicité peut-on attacher à la notion ? Nous voyons deux explications à cette situation.

Premièrement, la sincérité est mal nommée. Bien que son étymologie renvoie à la pureté, elle caractérise avant tout une qualité humaine. Parler de la sincérité d'un budget consiste, en réalité à évaluer le comportement de l'auteur du budget. Dans le contexte parlementaire français, c'est le gouvernement qui est visé, puisque le budget consiste en la traduction chiffrée de son programme politique. L'ensemble de la procédure renforce cette perspective en ce qu'elle est conçue pour permettre au gouvernement d'obtenir, voire de forcer, l'assentiment (ou le consentement) du Parlement[2].

Deuxièmement, la sincérité budgétaire est née d'une tentative des parlementaires de l'opposition de faire faire au Conseil constitutionnel leur travailleur de contrôleur. En effet, l'opposition ayant politiquement tort, car minoritaire, elle voit dans la saisine du Conseil l'ultime moyen pour entraver les souhaits du gouvernement. Quant à la sincérité comptable, si elle a plus d'intérêt et de portée juridique que sa cousine budgétaire, le Conseil constitutionnel l'assimile essentiellement à l'exactitude des comptes. On peut légitimement se demander quelle est l'utilité du terme « sincérité » en ce domaine.

En renversant toutes les perspectives, il est possible de se demander si la norme de sincérité a une vertu plus préventive que répressive. Le gouvernement tient-il compte du principe lorsqu'il prépare les projets de loi de finances ? Peut-être, mais l'absence de sanction effective peut faire douter de son caractère dissuasif. Sous la pression de l'Union européenne, le système français des finances publiques a apporté un début de solution préventive lors de la création du Haut conseil des finances publiques. Il s'agit d'un début de réponse seulement tant son mandat est encore fragile et ses pouvoirs faibles pour peser sur la détermination des hypothèses macroéconomiques et budgétaires choisies par le gouvernement. Surtout, cette évolution, qui est commune à la quasi-totalité des pays européens, n'a nul besoin de « sincérité » pour intervenir. Pour s'en convaincre, il suffit de rechercher la notion à l'étranger pour constater qu'elle n'existe pas ou de tenter de traduire en anglais, par exemple, la phrase « le budget est sincère ».

Tout est dit, ou presque, mais il reste à expliquer la sanction de l'insincérité en finances publiques à partir de deux constats : d'une part, la norme de sincérité est affectée de vices problématiques (I.), d'autre part, sa sanction est une impasse (II.).

---

[2] Les privilèges procéduraux du gouvernement sont d'ailleurs supérieurs s'agissant des lois de finances (art. 47 de la Constitution) que des lois ordinaires (art. 45 de la Constitution).

I. Les vices de la norme de sincérité

Les malheurs du principe de sincérité en matière financière proviennent tant de l'indétermination de la norme (A.) que de la question de son destinataire (B.).

A. L'indétermination de la norme

Telle que définie par le Conseil constitutionnel, la règle de sincérité comptable s'analyse essentiellement comme imposant l'exactitude des comptes. Elle ne souffre d'aucune indétermination, mais il est douteux qu'il faille l'appeler sincérité. Les choses sont toutes différentes en matière budgétaire. Le principe a été invoqué en raison de la méfiance de l'opposition à l'égard de la manière dont le gouvernement présentait les charges et les ressources de l'État dans les projets de loi de finances. Les prévisions macroéconomiques et budgétaires sont, à cet égard, un déterminant puisqu'elles conditionnent les autres données financières. Lorsqu'il est venu s'appliquer aux finances locales, l'adjectif « sincère » a caractérisé, dans la loi du 2 mars 1982, l'évaluation des recettes et des dépenses avec pour but de lutter, notamment, contre les recettes « gonflées » et les dépenses sous-évaluées[3]. Le raisonnement transpose l'exigence de sincérité déjà présente dans la matière comptable et qui permet de lutter contre les inexactitudes et les dissimulations[4]. Sur le plan national, comme le fait majoritaire empêche l'opposition de contester efficacement les chiffres présentés dans les projets gouvernementaux, elle se reporte sur le Conseil constitutionnel en invoquant l'insincérité du projet dans ses lettres de saisine. En d'autres termes, ils renvoient au juge le soin d'effectuer un contrôle que le Parlement n'est plus capable d'exercer.

---

[3] C'est encore la rédaction de l'article L. 1612-4 du Coge général des collectivités territoriales. Sur la méfiance, voir G. Orsoni, *Science et législation financières, Budgets publics et lois de finances*, Paris, Economica, 2005, p. 301, n° 304.

[4] Pour l'époque, voir les décrets n°79-124 du 5 février 1979, art. 1er alinéa 1, et n°93-283 du 1er mars 1983.

Pendant une décennie, les sages de la rue de Montpensier sont restés sourds à l'argument, faute de disposition dans la Constitution leur permettant de le reprendre à leur compte. Mais les lignes ont bougé en 1993 à l'occasion du contrôle d'un projet de loi de finances rectificative. L'opposition contestait l'évaluation des recettes escomptées de privatisations. Pour la première fois, le Conseil répond à l'argument. S'il ne donne pas satisfaction aux auteurs de la saisine[5], la réponse apportée les encourage à persister, ce qu'ils feront à nouveau à l'occasion du débat portant sur le projet de loi de finances pour 1994[6]. C'est toutefois à l'occasion du contrôle du projet de loi de finances pour 1995 que le juge finit par consacrer définitivement le principe, une nouvelle fois sur fond de suspicion de mauvaise évaluation de recettes attendues de privatisations. Le Conseil intitule un paragraphe de sa décision « Sur la sincérité de la présentation générale de la loi de finances et de la méconnaissance alléguée des droits du Parlement », ce qui constitue une avancée, même si, une fois de plus, il conclut en dédouanant le gouvernement[7]. Au gré des décisions, le Conseil enrichit le principe en lui découvrant plusieurs facettes. Celle qui retient notre attention porte sur les prévisions. Dans une décision du 28 décembre 1995, le Conseil affirme ainsi que serait notamment irrégulière « une erreur manifeste dans l'évaluation des recettes »[8].

Il n'est guère besoin d'explorer plus avant la jurisprudence du Conseil puisque, dès 1997, une certaine gêne devient manifeste, une gêne qui explique que jamais un projet de loi de finances n'ait été déclaré inconstitutionnel au motif de son insincérité. Dans sa décision du 30 décembre 1997 portant sur le projet de loi de finances pour 1998, le juge relève enfin une insincérité, mais n'en tire pas de conséquence sur la constitutionnalité du projet, douchant ainsi les espoirs qu'il avait fait naître chez les parlementaires et les universitaires[9]. De nombreuses

[5] Cons. const., 21 juin 1993, n°93-320 DC, § 22 et 23.

[6] Cette fois-ci, l'argument ne portait pas sur la sincérité de prévisions, mais sur la qualification d'un transfert à l'État de la dette de l'Agence centrale des organismes de sécurité sociale. Le Conseil constitutionnel répond, mais rejette encore l'argument. Décision n°93-330 DC, 29 décembre 1993, *Rec.* p. 572.

[7] Cons. const., 29 décembre 1994, n°94-351 DC, *Rec.* p. 140.

[8] Cons. const., 28 décembre 1995, n°95-369 DC, *Rec.* p. 255.

[9] « L'atteinte ainsi portée à la sincérité de la loi de finances ne conduit pas pour autant, en l'espèce, à déclarer la loi déférée contraire à la Constitution ». Cons. const., 30 décembre 1997, n°97-395 DC, § 14.

raisons pourraient expliquer cette timidité et, bien que le grief ne portât pas en l'espèce sur des questions de prévision, il devient patent que le Conseil constitutionnel craint les conséquences d'une inconstitutionnalité totale du projet, seule réponse possible à la présence de chiffres erronés dans le texte. Quant aux prévisions macroéconomiques et budgétaires, il ne se sent pas légitime pour les apprécier, faute d'expertise technique suffisante dans le domaine.

Si le principe de sincérité a textuellement été consacré par la loi organique du 1er août 2001, le législateur organique s'est montré prudent. L'article 32 prévoit que « les lois de finances présentent de façon sincère l'ensemble des ressources et des charges de l'État », mais poursuit en indiquant que « leur sincérité s'apprécie compte tenu des informations disponibles et des prévisions qui peuvent raisonnablement en découler »[10]. Nul n'imagine, en effet, le Conseil constitutionnel rivaliser avec les services du ministère des Finances pour vérifier la tangibilité des prévisions, à commencer par le Conseil lui-même qui l'a justement confirmé dans sa décision portant sur la proposition de loi organique de 2001 : « dans le cas de la loi de finances de l'année, des lois de finances rectificatives et des lois particulières prises selon les procédures d'urgence prévues à l'article 45, la sincérité se caractérise par l'absence d'intention de fausser les grandes lignes de l'équilibre déterminé par la loi de finances »[11]. Il ne s'agit donc plus de vérifier les prévisions du gouvernement, mais de n'intervenir que dans des cas extrêmes. Après trois décennies de jurisprudence portant sur la sincérité budgétaire, le bilan est décevant. Le contenu de la norme apparaît fuyant, imprécis et subjectif.

La charge morale de la notion n'a pas échappé à la doctrine. Luc Saïdj l'a comparée à la notion subjective du « bon père de famille » qui figurait dans le Code civil[12]. Didier Migaud lui-même l'a assimilée à une obligation de « bonne foi »[13]. Pour leur part, Michel Bouvier et Marie-Christine Esclassan estiment que le choix du terme visait à

---

[10] Loi organique du 1er août 2001 relative aux lois de finances n°2001-692, *JO* n°177 du 2 août 2001, p. 12480.

[11] Cons. const., 25 juillet 2001, n°2001-448 DC, § 60.

[12] L. Saïdj, *Finances Publiques,* Paris, Dalloz, 4e éd., 2003, p. 65, n°85.

[13] Rapport n°2908 à l'Assemblée nationale, (D. Migaud), déposé le 31 juin 2001 à propos du projet de loi organique relative aux lois de finances.

« souligner le contenu éthique qu'implique une bonne gouvernance » et précisent qu'on aurait pu lui préférer le terme de transparence[14]. Il est certain que la notion de transparence ne souffre pas du même biais subjectif. En faisant ce choix, nous aurions ainsi suivi la plupart des pays étrangers qui n'ont pas mêlé la sincérité aux affaires budgétaires.

B. La question du destinataire de la norme

Outre son indétermination, la norme de sincérité souffre d'un double glissement. Le premier provient de l'objet du principe. Parler d'un budget sincère ne signifie pas que le budget est sincère, mais que son auteur l'a construit de manière sincère. Ce n'est que par contagion que la « pureté » du comportement de l'auteur se transmet à l'acte. Il en résulte que la norme doit s'apprécier à l'aune des « intentions » de l'auteur du budget. Le Conseil constitutionnel l'a bien compris et cela ressort de son interprétation de la règle en 2001 qui exige, selon lui, « l'absence d'intention de fausser les grandes lignes de l'équilibre déterminé par la loi de finances ». C'est à cet endroit du raisonnement qu'apparaît le second glissement. La loi de finances soumise au Conseil constitutionnel, s'exposant ainsi au grief d'inconstitutionnalité, est celle qui a été adoptée par le Parlement. Logiquement, l'absence d'intention de fausser concerne le Parlement, puisqu'au moment du contrôle, c'est bien lui qui en est l'auteur. En réalité, le destinataire de la règle n'est pas le Parlement, mais le gouvernement, puisque c'est lui qui maîtrise la procédure. En effet, il dispose de l'exclusive de la préparation des lois de finances et la Constitution lui donne d'innombrables outils pour assurer l'adoption du texte, tout en minorant les pouvoirs des parlementaires.

Surtout, les grandes lignes de l'équilibre budgétaire sont le fruit des hypothèses macroéconomiques et des évaluations des recettes et des dépenses arrêtées par le gouvernement. Qu'on ne s'y trompe pas, lorsque 60 députés ou 60 sénateurs invoquent le principe de sincérité budgétaire à l'appui d'une saisine, c'est parce qu'ils remettent en cause

---

[14] M. Bouvier, M.-C. Esclassan, J.-P. Lassale, *Finances Publiques*, Paris, LGDJ, 7ème éd., 2004, p. 272. Le n°40 de la *RFFP* est consacré à la question : transparence et finances publiques, 1992, 225 p.

les choix du gouvernement, certes soutenu par une majorité parlementaire. Il en va de même lorsqu'est contestée « la sincérité de l'examen de la loi de finances »[15]. Entendue ainsi, la sincérité porte sur les débats et oblige, en particulier, le gouvernement à livrer des informations fiables aux parlementaires, sans dissimulation. Encore une fois, c'est le gouvernement qui est visé par la norme, même si, et c'est tout à fait paradoxal et singulier, la notion voisine de sincérité du débat parlementaire a « d'abord été interprétée pour tempérer un usage débridé du droit d'amendement »[16]. Lors du contrôle de la loi de financement rectificative de la Sécurité sociale pour 2023 par le Conseil constitutionnel, l'un des arguments invoqués par les auteurs de la saisine était l'insincérité du débat en raison d'informations fausses présentées dans un rapport au Parlement, ainsi que des estimations erronées avancées par plusieurs ministres[17]. Ainsi, qu'il s'agisse de la sincérité du budget ou du débat, c'est toujours *in fine* l'attitude du gouvernement qui est scrutée.

L'ambiguïté qui caractérise le destinataire de l'exigence de sincérité est un élément supplémentaire qui affecte la possibilité de sanctionner les écarts.

II. L'impasse de la sanction

La sanction de l'insincérité en finances publiques n'est pas seulement mise en échec par les vices qui affectent la notion. Sanctionner un écart, fût-il établi, ou susceptible de l'être, se heurte à d'autres obstacles. Comment sanctionner l'insincérité ? Que peut faire le Conseil constitutionnel en amont et en aval de l'exercice budgétaire ? À bien des égards, la sanction juridique apparaît très délicate (A.). Quant à la sanction politique de l'insincérité, elle interroge directement la nature du régime politique. Si la Ve République est parlementaire, alors le Parlement doit être en mesure de contrôler efficacement les

[15] Cons. Const., 25 juillet 2001, n°2001-448 DC, § 75.

[16] D. Chamussy, « La procédure parlementaire et le Conseil constitutionnel », *Les Nouveaux Cahiers du Conseil constitutionnel*, n° 38, janvier 2013. Lors du contrôle de la loi portant sur les retraites

[17] Cons. Const., 14 avril 2023, n° 2023-849 DC, § 64 et 65.

choix budgétaires du gouvernement et, surtout, de le sanctionner si celui-ci est insincère (B.).

A. La délicate sanction juridique

Le contrôle des lois de finances par le Conseil constitutionnel se distingue de celui des lois ordinaires. Les deux formes de contrôle mobilisent des modes de raisonnements, des méthodes et des techniques juridiques identiques, mais la nature des lois de finances a des incidences sur le rôle du Conseil à leur égard. Parmi ses spécificités, les lois de finances sont enfermées dans un cadre temporel strict (délais pour l'examen par le Parlement, adoption avant le début de l'exercice), elles ne peuvent faire l'objet que de projets (ce qui renforce le rôle du gouvernement dans leur confection et minore celui des parlementaires), elles sont déposées en priorité devant l'Assemblée nationale (en raison du principe du consentement à l'impôt), elles comportent deux parties dont la discussion doit suivre un ordre prévu par la Constitution[18]. Surtout, sans loi de finances initiale, ou spéciale, le fonctionnement régulier des pouvoirs publics et la vie nationale se trouveraient interrompus. Ce n'est pas le cas si un projet ou une proposition de loi ordinaire est abandonné en cours de procédure. Un tel renoncement pourrait, certes, entraîner un vide juridique, en particulier en cas d'abrogation différée dans le temps de dispositions législatives par le Conseil constitutionnel (art. 61, al. 2 Constitution), mais il n'y a là rien de comparable à la nécessité pour le gouvernement de disposer des autorisations parlementaires nécessaires pour assurer la continuité de l'État.

Dans ces conditions, lorsqu'un motif d'insincérité est invoqué devant le Conseil avant la promulgation de la loi de finances initiale, il ne reste que quelques jours avant la date butoir du 31 décembre. De

[18] La portée constitutionnelle de la règle réglementant l'ordre de discussion (la deuxième partie ne peut être mise en discussion avant l'adoption définitive de la première) a été pleinement confirmée par Conseil constitutionnel lorsqu'il a invalidé l'intégralité de la loi de finances pour 1980 pour ce motif. Cons. Const., 24 décembre 1979, n° 79-110 DC, § 1 à 4.

quelle marge de manœuvre dispose-t-il s'il identifie une insincérité dans la loi de finances ? Il faut distinguer deux situations classiques. La première est celle de la disposition détachable du reste du texte dont la neutralisation n'empêche pas sa promulgation. La deuxième est celle dans laquelle le vice est tel qu'il entache la totalité du texte. Dans le cas du principe de sincérité, il est presque impossible d'envisager une sanction partielle. Supposons que des manœuvres mensongères puissent être établies par les hauts conseillers, qu'elles soient portées à leur connaissance par les auteurs de la saisine ou par la presse. Comment l'intention de tromper le Parlement sur les données du budget peut-elle être sanctionnée autrement que par une invalidation totale ? La décision de 1996 portant sur le projet de loi de finances pour 1997 est un bel exemple. Le Conseil avait jugé qu'une procédure de rattachement à un fonds de concours avait affecté l'évaluation du déficit prévisionnel. Une déclaration de constitutionnalité partielle n'aurait pas suffi à réparer les conséquences de la « faute ». Si l'évaluation du déficit prévisionnel avait dû être revue, il aurait été difficile pour le gouvernement et le Parlement de se mettre en règle avant le 31 décembre, sauf à adopter une loi spéciale avant le 31 décembre, puis une loi de finances en bonne et due forme dans les premières semaines de l'année suivante. L'invalidation du projet de loi de finances pour 1980, en raison de la mise en discussion de la deuxième partie avant l'adoption définitive de la première, a précisément entraîné un tel scénario et la vie nationale a finalement pu être préservée.

Il en résulte que la sanction de l'insincérité budgétaire n'est pas impossible, mais délicate. Si l'on convoque à présent l'exemple de l'adoption du projet de loi de finances pour 2025, on observe que l'absence d'adoption avant le 1er janvier a eu, certes, des conséquences fâcheuses, mais que celles-ci ne sont pas juridiquement insurmontables. Comme en 1962, lorsque la première partie du projet de loi de finances pour 1963 avait été adoptée en décembre dans le cadre d'une loi spéciale partielle et qu'une seconde loi spéciale, portant sur la deuxième partie, avait été adoptée après le début de l'exercice et en 1979, l'épisode de 2024/2025 montre que l'intervention d'un événement extraordinaire empêchant l'adoption d'un projet de loi de finances en bonne et due forme avant le début de l'année est grave et doit être analysé en tant que tel. Mais il n'est pas si grave que le Conseil constitutionnel doive renoncer à déclarer un projet de loi de finances initiale inconstitutionnel si le vice est trop conséquent. Autrement dit, l'invalidation totale de 1979 ne devrait pas constituer un précédent repoussoir empêchant toute censure totale à l'avenir. Ainsi, dans l'hypothèse où le Haut Conseil des finances publiques remettrait un avis sur un projet de loi de finances dans lequel il qualifierait les prévisions macroéconomiques ou les prévisions budgétaires de fantaisiste, le Conseil pourrait, et devrait, en tirer les conséquences en invalidant la totalité du projet. C'est d'ailleurs la logique du contrôle de proportionnalité qu'il effectue pour diverses irrégularités. Un exemple est le contrôle exercé en cas de retard dans le dépôt du projet et des annexes obligatoires. Après l'avoir inaugurée en 1982[19], la méthode a été consacrée dans la décision portant sur la LOLF avec la formule suivante :

« En cas de retard, la conformité de la loi de finances à la Constitution serait alors appréciée au regard tant des exigences de la continuité de la vie nationale que de l'impératif de sincérité qui s'attache à l'examen de la loi de finances pendant toute la durée de celui-ci »[20].

Comme dans la décision de 1997, une telle mise en balance permet de ne pas tirer de conséquences excessives en cas d'irrégularités mineures tout en réservant la possibilité d'une invalidation totale si les conséquences sont jugées trop importantes, en particulier sur l'ampleur du déficit budgétaire réel.

En marge de la sanction de l'insincérité budgétaire, il reste la question de la sincérité comptable. Celle-ci est attachée à la loi de règlement, désormais appelée « loi relative aux résultats de la gestion et portant approbation des comptes de l'année ». Quel serait le sens juridique d'une invalidation totale d'un tel texte au motif, par exemple, du refus de certification des comptes par la Cour des comptes ? L'exercice étant clos, l'analyse des résultats de la gestion n'emporte véritablement de conséquences que sur la préparation des textes budgétaires futurs et sur l'exécution de ceux en vigueur, et non sur ceux dont la portée budgétaire s'est éteinte. L'histoire récente achève d'en convaincre. Comme le rappellent Aurélien Baudu et Xavier Cabannes

[19] Cons. const. 29 décembre 1982, n°82-154 DC, §3.
[20] Cons. const. 25 juin 2001, n°2001-448 DC, §74.

« la loi de règlement pour l'année 2021 a été rejetée par deux fois par le Parlement, une première fois le 3 août 2022 et une seconde fois le 3 juillet 2023, et la loi de règlement pour l'année 2022 a été rejetée le 3 juillet 2023. Ils concluent que ce texte comptable a commencé à prouver au grand jour son inutilité, dans le cadre d'un travail législatif »[21].

La sanction de l'insincérité budgétaire, comme de l'insincérité comptable, n'est pas impossible. Mais, elle est délicate, soit parce qu'elle a des conséquences lourdes (sincérité budgétaire), soit parce qu'elle n'en a pas (sincérité comptable).

B. L'exceptionnalité de la sanction politique

En matière budgétaire, les erreurs de prévisions du gouvernement ne sont pas qu'une affaire juridique. Elles relèvent aussi du contrôle politique, comme le montre la réaction des parlementaires face au dérapage des finances publiques en 2024-2025. C'est bien à eux que revient au premier chef la fonction de « contrôler l'action du gouvernement et d'évaluer les politiques publiques » (art. 24 de la Constitution). Plus encore, c'est aussi au Parlement qu'il revient de voter le projet de loi de finances initiale (art. 34 et 47 de la Constitution), donc de s'en faire auteur, ou coauteur, si l'on tient compte du monopole du gouvernement dans la préparation du texte. Dans un travail législatif qui permet au gouvernement de déterminer l'essentiel du projet et aux parlementaires de l'amender, voire de le rejeter en totalité, ces derniers ne sauraient accepter d'être trompés sur la santé financière du pays en raison de chiffres manipulés. Or, que ce soit en découvrant des manœuvres en cours de procédure, ou grâce à l'avis du Haut Conseil des finances publiques, ou encore à mesure qu'une situation financière générale s'aggrave[22], les sanctions à la disposition des parlementaires sont limitées. Bien sûr, ils peuvent user de leur temps de parole, de leur droit de poser des questions écrites, d'auditionner des membres du

---

[21] A. Baudu, X. Cabannes, Validation des comptes publics : un obstacle de plus à franchir pour le Gouvernement, Revue politique et parlementaire, 24 sept. 2024. https://www.revuepolitique.fr/validation-des-comptes-publics-un-obstacle-de-plus-a-franchir-pour-le-gouvernement/ (consulté le 13 mai 2025).

[22] Comme ce fut le cas en 2024-2025 avec une dégradation progressive et inquiétante de la situation des finances publiques.

gouvernement, de créer une commission d'enquête, voire user de leur droit d'enquête sur pièce et sur place[23]. Mais il ne s'agit pas de sanctions. Au sens strict, il n'en existe qu'une seule dans un régime parlementaire. Il s'agit du vote d'une motion de censure, que celle-ci soit spontanée (art. 49, al 2 de la Constitution) ou provoquée (art. 49, al. 1 et al. 3 de la Constitution). Le pouvoir d'engager la responsabilité politique du gouvernement est même le critère essentiel du régime parlementaire.

Sous la Ve République, le fait de renverser le gouvernement demeure une sanction politique exceptionnelle et, surtout, repose moins sur un motif déterminé que sur un désaveu général de la politique du gouvernement. Les deux motions de censure qui ont été votées avec succès, en 1962 et en 2024, avaient même sans doute un objet plus large encore, puisqu'il s'agissait aussi d'atteindre le Président de la République (en 1962 en raison de la décision de passer par l'article 11 de la Constitution pour proposer l'élection du Président au suffrage universel direct et, en 2024, en raison des conséquences de la dissolution décidée par le Président et de la décision de nommer Michel Barnier comme Premier ministre, entre autres). Il est donc difficile d'imaginer que les députés votent une motion de censure au motif d'une insincérité budgétaire ou d'une insincérité comptable. Mais, en raison de la plasticité de la norme de sincérité et de sa charge politique, celle-ci se confond avec la confiance de la majorité parlementaire dont le gouvernement a besoin pour « déterminer et conduire la politique de la nation » (art. 20 Constitution). À notre sens, la faiblesse de la sanction politique sous la Ve République a naturellement conduit les parlementaires d'opposition à se déporter sur le Conseil constitutionnel en nourrissant l'espoir que le juge vienne combler les manques du contrôle politique (l'opposition ayant juridiquement tort parce qu'elle est politiquement minoritaire). C'est en tout cas ce qu'enseigne l'histoire du principe de sincérité en finances publiques.

Il existe, enfin, une autre raison qui explique l'exceptionnalité de la sanction politique et des réticences du juge à l'idée d'une invalidation totale. Il s'agit du manque d'expertise financière du Conseil constitutionnel et des parlementaires. Le premier n'est équipé ni pour

[23] Toutes ces procédures ont été mobilisées en 2024-2025.

contrôler la sincérité budgétaire ni pour contrôler la sincérité comptable. C'est d'ailleurs la raison pour laquelle le Haut Conseil des finances publiques a pour mandat d'émettre des avis sur les projets de lois de finances (en amont) et que la Cour des comptes certifie les comptes en aval. Quant aux parlementaires, ils ne disposent pas d'un organe interne comme le *National Audit Office* britannique pour faire un contrôle *ex post* efficace. Ils ne disposent pas non plus d'un bureau parlementaire sur le budget, comme c'est le cas en République d'Irlande ou au Canada. S'ils bénéficient de l'assistance de la Cour des comptes (art. 47-2 de la Constitution), ce qui est déjà significatif, il leur appartient d'exploiter les informations obtenues pour demander des comptes au gouvernement.

Des pistes d'amélioration sont possibles, mais elles sont de nature plus préventive que répressive. Le renforcement du mandat et du pouvoir du Haut Conseil des finances publiques en est une. Ainsi, de nombreuses institutions budgétaires indépendantes européennes se sont vu confier le pouvoir d'émettre les prévisions macroéconomiques et budgétaires (Autriche, Belgique, Bulgarie, Danemark, Hongrie, Pays-Bas, Roumanie, Espagne et Royaume-Uni). Certaines ont adopté le système de « se conformer ou s'expliquer » qui oblige le gouvernement à se justifier devant le Parlement s'il décide de s'écarter de l'avis de l'institution budgétaire indépendante (Belgique, Bulgarie, Croatie, Portugal, Espagne, Lettonie, Slovénie, Finlande, Estonie et Chypre)[24]. Quelle que soit la piste d'amélioration qui sera privilégiée à l'avenir, la sanction de l'insincérité en matière financière n'est pas satisfaisante en France. Pour achever de s'en convaincre, prenons le temps de méditer sur cette révélation de François Ecalle devant la Commission des finances de l'Assemblée nationale le 23 janvier 2025 :

« Nous présentions nos prévisions techniques au cabinet du ministre, lequel nous faisait part – de façon très informelle – de son choix de chiffrage pour le taux de croissance ou le déficit public lorsque venait le moment de la prévision officielle »[25].

---

[24] T. Metz, Institutions budgétaires indépendantes dans l'UE : présentations et perspectives. Bulletin de l'Observatoire des politiques économiques en Europe, n° 46, sept. 2022, p. 78. https://opee.unistra.fr/Institutions-budgetaires-independantes-dans-l-UE-presentations-et-perspectives (consulté le 12 mai 2025).

[25] Commission des finances, de l'économie générale et du contrôle budgétaire, Compte rendu n° 075, 23 janvier 2025, p. 5.

APPARENCE ET VOTE DE LA LOI : RÉFLEXIONS SUR LES FONCTIONS DE LA TRANSPARENCE DES DÉBATS PARLEMENTAIRES

Ulysse GUTTMANN-FAURE,
Doctorant en droit public à l'Université Paris 1 Panthéon-Sorbonne[1]

Résumé

Arborant un maillot de football, un gilet jaune ou un bleu de travail, refusant le port de la cravate ou une tête chapeautée, défendant l'autorisation du pantalon ou l'obligation du port de la veste[2]*...*

L'histoire parlementaire est riche d'événements faisant de l'apparence un enjeu crucial[3] *parallèle à l'écriture de la loi. Une étude portant sur la normativité et l'apparence ne semblait dès lors pouvoir ignorer l'étude du processus d'élaboration des lois, dont le Parlement sera l'auteur juridique une fois adoptées*[4]*. Néanmoins, il s'agira moins ici de s'intéresser à des apparences vestimentaires qu'à ce qui est visible – ce qui apparaît – de la procédure d'adoption de ce qui deviendra loi. Dit autrement, sur les liens entre les notions de norme et d'apparence, au travers de la transparence.*

---

[1] Initialement intitulée « La transparence des débats parlementaires : une apparence nécessaire ? », la présente contribution a été retravaillée pour respecter une limite de taille et dans un souci de cohérence que l'écrit appelle davantage que l'oral. Elle conduit finalement à développer quelques éléments nouveaux, mais fidèles aux propos prononcés le 14 mars 2025 à l'Université Paris I Panthéon-Sorbonne. De ce point de vue-ci (aussi), il convient de ne pas se fier aux apparences...

[2] LE CAIN Blandine, « Avant les cravates insoumises, d'autres révoltes vestimentaires ont marqué l'Assemblée » [en ligne], *LeFigaro.fr*, 28 juin 2017, [consulté le 30 avril 2025 ; la date s'applique à toutes les pages internet mentionnées dans cet article] ; MAZEAU Vincent, « La cravate et le voile : Réflexions sur les règles relatives aux tenues vestimentaires à l'Assemblée nationale », *RDP*, mai 2018, n° 3, p. 763-790 ; CHEMIN Anne, « La cravate à l'Assemblée nationale, histoire d'une controverse », *Le Monde*, 4 mars 2023, p. 28-29 ; PARENT Christophe, « Histoire du costume parlementaire », *RDP*, mars 2012, n° 2, p. 379-418 ; *Id.*, « Le code vestimentaire des hémicycles sous la Ve République : mythes et réalités », *RDP*, nov. 2013, n° 6, p. 1421-1452.

[3] Sur cette question vestimentaire, saisie par le droit, v. à l'Assemblée nationale : art. 9 de l'IGB, « Tenue en séance ». V. aussi : LEMAIRE Élina, « Les députés doivent-ils être neutres ? » [en ligne], *Blog Jus Politicum*, 12 fév. 2018.

[4] Article 24 C., résultant de la révision de 2008 : « Le Parlement vote la loi. [...] »

Introduction : au-delà de l'apparence, distinguer publicité et transparence

Publicité. Selon le premier alinéa de l'article 33 de la Constitution de 1958, « *les séances des deux Assemblées sont publiques. Le compte-rendu intégral des débats est publié au* Journal officiel ». Constituant le fondement textuel du principe de publicité des débats, cette disposition historique habilite le juriste à s'exprimer sur ce qui *apparaît* du processus d'édiction de la règle qui, une fois adoptée, une fois devenue loi, intégrera le droit positif.

Au moins deux dimensions définissent la notion de publicité dans le cadre des débats parlementaires. Premièrement, elle doit être *matérielle*, c'est-à-dire qu'il doit être physiquement possible d'accéder aux enceintes parlementaires, principalement depuis les tribunes. Deuxièmement, la publicité est *écrite*, passant aujourd'hui par la publication de comptes rendus intégraux des débats publiés au *Journal officiel*. S'il est vrai que les termes de publicité et de transparence sont parfois entendus comme des synonymes[5], tel n'est pas notre avis. De notre point de vue, l'évolution parallèle des technologies et des pratiques oblige à constater l'émergence d'une transparence qui s'est émancipé de la publicité et qu'il est maintenant possible, voire nécessaire, de définir de manière autonome.

---

[5] Pour certains auteurs en effet, il existerait aussi une « publicité audiovisuelle ». V., par ex. : CONIEZ Hugo, « Publicité des travaux », in *Dictionnaire encyclopédique du Parlement*, Bruylant, 2023, p. 927, ou THIERS Éric, « Parlement : de la publicité à la transparence "sans tabou et sans hystérie" », in *La transparence en politique*, Institut Universitaire Varenne, 2013, p. 278. D'ailleurs, à côté du traditionnel compte rendu intégral (écrit), le règlement de l'Assemblée nationale (RAN) mentionne la production d'un « *compte rendu audiovisuel des débats en séance publique* » (art. 59), postérieur à la séance. Au Sénat, le principe est l'enregistrement sans diffusion (XII bis, IGB Sénat).

Transparence[6]. Étymologiquement, la transparence se construit avec « apparaître » *(parere)* et « à travers » (*trans*-)[7]. La notion pourrait d'ailleurs être reliée à « paraître » par le terme « transparaître »[8] ; dès l'origine, transparence et apparence sont donc intrinsèquement liées. Allant plus loin, il nous semble nécessaire de proposer une définition indépendante de la transparence s'agissant de la construction de la loi : elle correspondrait à la possibilité conférée à tous d'avoir accès, *immédiatement* et *sans intermédiaire*, aux débats parlementaires.

Cette absence d'intermédiaire pourrait constituer le principal critère de définition de la transparence et de distinction de la publicité : une absence nouvelle de « médiation » qui permet à tout un chacun de savoir fidèlement ce qu'il se passe lorsque la loi est discutée au Parlement. En ce sens, est transparent ce qui laisse voir ce qui est, sans interférer, sans déformer[9]. L'apparence transparente doit être exacte, renvoyant même à la question de la sincérité[10] ; « *elle reflète à travers un aspect extérieur un caractère vraisemblable : l'apparence fait remonter le fond à travers la forme* »[11]. Elle est le fait de rendre public des choses qui ne l'étaient pas avant et dépasse la publicité par ces deux critères, l'immédiateté et l'absence d'intermédiaire, auxquels on pourrait ajouter un caractère d'accès universel.

---

[6] Sur la notion en général (et dans le détail), le lecteur pourra se référer aux nombreux travaux du Professeur Jean-François KERLÉO, notam. *La transparence en droit. Recherche sur la formation d'une culture juridique*, Mare & Martin (Bibliothèque des thèses), 2015, 995 p.

[7] D'après son origine latine médiévale. V. « Transparent, ente », in REY Alain (dir.), *Dictionnaire historique de la langue française, t. 3 (Pr-Z)*, 4e éd., Le Robert, 2012, p. 3730.

[8] « *Variante spécialisée [...] là où l'on employait fréquemment* transpirer », *ibid*, p. 3731.

[9] Sur ce point, v. : LE TORREC Virgine, « Aux frontières de la publicité parlementaire : les assemblées et leur visibilité mediatisée », *Réseaux*, 2005, n° 129-130, p. 181-208. V. aussi *infra*, note 70.

[10] Dans ces pages, v. aussi la contribution du Professeur Alexandre GUIGUE à propos d'apparence et de sincérité budgétaire.

[11] Selon les mots des organisateurs du colloque, Abraham LE GUEN et Noémie LE PEUVÉDIC. V. « Présentation du colloque », *Programme du colloque « Apparence et normativité en droit public »*, École doctorale de droit public de l'Université Paris 1 Panthéon-Sorbonne, 14 mars 2025.

L'usage de l'expression maintenant connue d'un parlement « *maison de verre* »[12] témoigne en partie de ce principe. Il s'agit ainsi de transparence lorsque les débats parlementaires sont diffusés en direct, sans intermédiaire (exerçant par exemple un rôle éditorial). C'est en partie l'office de la diffusion des débats, en direct comme en différé, sur le site internet des deux chambres[13] ou médiatiquement par *La Chaîne Parlementaire* et *Public Sénat* (canal 8 de la TNT).

Droit positif[14]**.** Si les séances se tenant dans l'hémicycle ont toujours été publiques, la chose s'est faite de manière progressive pour les différentes commissions parlementaires, au gré des sujets et des volontarismes[15].

Le Règlement de l'Assemblée nationale prévoit depuis 2014 le principe de publicité des commissions parlementaires (article 46, premier alinéa). En réalité et suivant notre définition, c'est même la *transparence* qui fait office de règle de fait au Palais Bourbon, les travaux des commissions étant diffusés en direct sur le site internet de la chambre basse – et parfois repris à la télévision – comme le sont les travaux des séances publiques. À la chambre haute, *a contrario*, la publicité des commissions est censée être assurée par la seule

---

[12] « *[...] Notre assemblée doit vivre avec son temps. Plus que jamais, ayons à cœur d'en faire une maison de verre. Transparente, exemplaire, irréprochable, parce que la force de la loi est subordonnée à l'exemplarité du législateur. [...]* », BARTOLONE Claude (alors président de l'Assemblée nationale), *JOAN, Débats*, séance du 26 juin 2012, p. 1812. Plus globalement, v. : GICQUEL Jean-Éric, « La transparence et l'autonomie des assemblées parlementaires », *Les Nouveaux Cahiers du Conseil constitutionnel*, 2018, n° 59, notam. p. 17.

[13] Pour une mise en perspective publiée il y a maintenant 20 ans, v. : DUPRAT Jean-Pierre, « La transparence du processus parlementaire », in *La confection de la loi. Rapport du groupe de travail de l'Académie des sciences morales et politiques*, PUF, 2005, p. 137-156.

[14] Bien que souvent qualifié de « troisième chambre », il ne sera pas ici question du Conseil économique, social et environnemental dont, depuis 1984, « *les séances de l'assemblée sont publiques sauf décision contraire de celle-ci ; les séances des commissions ne sont pas publiques* » (art. 18 de l'ord. du 29 déc. 1958 portant loi organique relative au Conseil économique, social et environnemental). V. aussi : art. 30 et 45 de son règlement intérieur.

[15] V. not. : KERLÉO Jean-François, « La transparence du travail parlementaire », in *Transparence et déontologie parlementaires : bilan et perspectives*, Institut Universitaire Varenne, 2019, spéc. p. 41-47.

publication d'un compte rendu hebdomadaire (article 15 *ter* du Règlement du Sénat, premier alinéa) et l'enregistrement prévu par le règlement est confidentiel (deuxième alinéa). Contrairement aux séances publiques donc, c'est à titre dérogatoire que « *les commissions peuvent décider la publicité, par les moyens de leur choix, de tout ou partie de leurs travaux* ». La transparence – c'est-à-dire leur accessibilité immédiate et sans intermédiaire – n'est ici de mise que pour les auditions, sans que le droit ne soit venu consacrer cet état de fait[16].

La différence entre chambres tient principalement à ce que, élu au suffrage indirect, le Sénat souhaite explicitement conserver une sérénité qui, selon ses membres, ne serait possible qu'en maintenant une certaine discrétion. Enfin, suivant une sorte de « tradition » de la Ve République[17], les commissions mixtes paritaires (CMP) constituent peut-être les seules instances quant auxquelles aucune transparence n'a jamais été institutionnellement mise en place[18].

Faire le constat du développement de la transparence des débats parlementaires doit alors conduire à s'interroger sur les résultats de cette nouvelle visibilité. Après s'être intéressé aux effets de la transparence sur le Parlement (I), il conviendra de se pencher sur les conséquences de celle-ci concernant le système démocratique (II). En d'autres termes, il s'agira ici de savoir si la transparence, élément

---

[16] Outre l'art. 15 *Ter* du RSén., v. : « XI. - Comptes rendus » et « XII bis. - Enregistrements audiovisuels » de l'IGB du Sénat.

[17] URVOAS Jean-Jacques, « Le débat sur les retraites au Sénat, une inhabituelle tension » [en ligne], *Le Club des Juristes*, 10 mars 2023, et, plus globalement, BERNARD Sébastien, « La commission mixte paritaire », *RFDC*, 2001, n° 47, p. 451-478 et HYEST Jean-Jacques, « La CMP, lieu mystérieux de pouvoir », *Pouvoirs*, 2013, n° 146, p. 83-92. V. également : LAVILLE Paul, « La CMP, une "institution originale" à l'épreuve de sa pratique », *Revue de droit constitutionnel et droits fondamentaux*, n° 1, juil. 2024, p. 70-71 spécifiquement.

[18] Des tentatives récentes ont fait grand bruit, principalement par l'utilisation des réseaux sociaux par des membres de CMP, la transmission d'informations à la presse ou lorsque certains parlementaires ont demandé (sans succès) à la Présidente de l'Assemblée nationale de prévoir la diffusion audiovisuelle de la CMP examinant le projet de loi de financement rectificative de la sécurité sociale pour 2023 mettant en place une nouvelle « réforme des retraites ». V. : BONVARLET Soizic, « Retransmission de la CMP sur les retraites : Yaël Braun-Pivet oppose une fin de non-recevoir » [en ligne], lcp.fr, 14 mars 2023.

formel, produit des effets substantiels sur la norme, tant en amont qu'en aval de l'adoption d'une loi.

I. Transparence et Parlement : en amont de la norme, des effets déjà notables

Représentant du peuple au titre de l'article 3 de la Constitution, le parlementaire voit l'exercice de son mandat évoluer par l'effet de la transparence. Cela peut tant conduire à une réduction de la défense d'intérêts privés (A) qu'à un changement dans la manière d'être des parlementaires (B).

A. Une transparence réduisant la défense d'intérêts particuliers

Contrastant avec la défense d'intérêts royaux fondée sur le secret[19], la publicité des débats décidée en 1789 portait notamment l'objectif d'une politique n'étant plus guidée par des intérêts particuliers, comme l'exprime en partie la formule voulant que « *la loi est l'expression de la volonté générale* »[20]. Par son immédiateté, la transparence des débats parlementaires devrait conduire encore davantage à la diminution de la défense des intérêts privés, particuliers, au profit d'un intérêt commun, général[21]. *A contrario*, l'absence de regard du public pourrait être

[19] « *[...] Pour les révolutionnaires, la question de la transparence, abordée à travers les concepts d'*opinion publique *et de* publicité, *est absolument centrale au projet démocratique [...]* », MÜNCH Philippe, « Révolution française, opinion publique et transparence : les fondements de la démocratie moderne » [en ligne], *Appareil*, 2011, n° 7, § 1. L'objectif est aussi, évidemment, de se renforcer face au Roi : v. CONIEZ Hugo, « L'invention du compte rendu intégral des débats en France (1789-1848) », *Parlement[s]*, 2010, n° 14, p. 149-150 et HEURTIN Jean-Philippe, *L'espace public parlementaire. Essai sur les raisons du législateur*, PUF, 1999, p. 21-24.

[20] Art. 6 de la Déclaration des Droits de l'Homme et du Citoyen de 1789 (DDHC).

[21] Plus mesuré, v. : MEKKI Mustapha, « La lutte contre les conflits d'intérêts : essor de la transparence ou règne de la méfiance ? », *Pouvoirs*, 2013, n° 147, p. 17-32, ainsi que les autres contributions à ce numéro thématique sur « Les conflits d'intérêts ».

propice à la résurgence de comportements électoralistes ou de marchandages difficiles à endosser publiquement[22]. Dès ce stade, il est aisé de concevoir le lien entre ce qui apparaît, ce qui est visible, et l'adoption de normes.

Il est ici possible de rapprocher la transparence des débats à la transparence de la vie publique, c'est-à-dire à la transparence ayant trait à la déontologie, à la probité des élus, à la prévention des conflits d'intérêts, à l'office de la Haute Autorité pour la *transparence* de la vie publique… En ce sens, mentionnons qu'un régime de déport des parlementaires a été instauré en 2017 par la loi « pour la confiance dans la vie politique »[23]. Notamment par la création d'un registre public consignant de telles situations, le texte permet à un élu de se mettre formellement en retrait s'il venait à estimer devoir ne pas participer aux travaux du Parlement en raison d'une situation de conflit d'intérêts[24]. Le Conseil constitutionnel a certes rappelé le caractère volontaire de ces déports en veillant à protéger la « *liberté des membres du Parlement dans l'exercice de leur mandat* »[25] ; il n'empêche qu'un tel dispositif pourrait contribuer à renforcer le poids du regard extérieur sur les élus. Mal connu s'agissant des parlementaires mais ayant le mérite d'exister, ce régime de déport doit beaucoup à la transparence des débats, accessibles immédiatement à qui le souhaiterait. Celle-ci conduit à vouloir éviter toute *apparence* de partialité qui pèserait sur un élu et pourrait éventuellement entacher l'ensemble d'un texte, voire d'une

---

[22] Citant notamment les travaux de Jon ELSTER et à travers le cas particulier de la publicité des débats, v. : VIKTOROVITCH Clément, *Parler, pour quoi faire ? La délibération parlementaire à l'Assemblée nationale et au Sénat (2008-2012)*, thèse de doctorat, science politique, Sciences Po, 2013, p. 87 et s.

[23] Loi n° 2017-1339 du 15 sept. 2017, art. 3. Par ailleurs, selon l'art. 4 du Code de déontologie de l'Assemblée nationale, al. 2 : « *Les députés doivent agir de manière transparente dans l'exercice de leur mandat.* »

[24] V. notam. : ROBLOT-TROIZIER Agnès, « La liberté des membres du Parlement dans l'exercice de leur mandat *versus* les nouvelles contraintes pesant sur les parlementaires », *Titre VII*, oct. 2019, n° 3, 2019, p. 17-23, et « Brèves réflexions sur le "déport" des parlementaires en situation de conflits d'intérêts », *Mélanges en l'honneur du Professeur Dominique Rousseau*, LGDJ, 2020, p. 527-534.

[25] Conseil constitutionnel, décision n° 2018-767 DC du 5 juil. 2018, *Résolution relative aux obligations déontologiques et à la prévention des conflits d'intérêts des sénateurs*, § 3. V. aussi : déc. n° 2017-752 DC du 8 sept. 2017, *Loi pour la confiance dans la vie politique*, § 15 à 19.

institution. À ce jour, quarante-huit déports sont recensés à l'Assemblée nationale, et treize au Sénat[26].

Bien que pouvant être critiqué[27], cet aspect de la transparence est généralement considéré positivement en ce qu'il doit profiter à un intérêt général. Tel est moins le cas lorsqu'il s'agit de déposer des textes de réaction dans le but de se rendre visible. La transparence peut-elle conduire à une sorte d'« auto-mise en scène » de l'élu-législateur, à une apparence factice ? D'un mot, une telle situation pourrait conduire à un rejet de la transparence pour qui s'opposerait à ce que le travail parlementaire subisse de tels effets[28].

B. Une transparence participant à la recherche de visibilité ?

En d'autres termes moins policés, il s'agit ici de savoir si la transparence incite ou conduit députés et sénateurs à vouloir « faire le buzz », éventuellement jusque dans l'élaboration de la loi. La transparence accrue renforcerait-elle la mise en scène de l'apparence ? En 2013, le Professeur Bertrand Mathieu déplorait déjà l'apparition d'une « *blogocratie* » due, selon lui, à la disparition de la « *paroi de verre* » existant entre l'élu et le citoyen[29]. Bien que le juriste ne dispose pas forcément des meilleurs outils pour le mesurer, il est possible d'envisager[30] que la présence de caméras renforcerait cette tendance à

[26] Selon leur site internet respectif. V. aussi : KERLÉO Jean-François, « Une première application du régime de déport des députés » [en ligne], *Blog Jus Politicum*, 19 déc. 2019. La dernière, à l'Assemblée nationale, date du 10 avril 2025 (17e législature).

[27] Outre l'article du Professeur CARCASSONNE cité *infra*, note. 28, v. : DE BÉCHILLON Denys, « Transparence : la double peine des familles », *Pouvoirs*, 2013, n° 147, p. 45-52.

[28] Parlant déjà de « *trouble* » et d'une transparence « *névrotique* » qui se rapprocherait davantage du « *totalitarisme* » que de la démocratie, v. l'article resté célèbre de Guy CARCASSONNE, « Le trouble de la transparence », *Pouvoirs*, 2001, n° 97, p. 17-23.

[29] En raison de l'utilisation « *en direct* » de réseaux sociaux, v. : MATHIEU Bertrand, « La "blogocratie" fait son entrée au Parlement », *Les Echos*, 20 mars 2013, p. 35.

[30] Le conditionnel a son importance au regard du nombre d'écrits anciens dénonçant une « théâtralisation » des débats parlementaires. Sur le fond, v. : HEURTIN Jean-Philippe, *op. cit.*, 1999, p. 109-123, ainsi que le chapitre 5, « Mouvements de séance

changer d'attitude, à se *donner une apparence*. Des économistes ont pu l'affirmer concernant la chambre basse dans une étude tranchée intitulée « La Fièvre parlementaire : ce monde où l'on catche ! Colère, polarisation et politique TikTok à l'Assemblée nationale » (janvier 2025). Faisant l'exposé de ce qu'ils considèrent être une « *révolution politique* » « *exacerbée par l'irruption des réseaux sociaux* »[31], les auteurs vont jusqu'à parler d'une Assemblée nationale transformée « *en scène de spectacle* »[32] : « *la captation filmée et télévisée des débats de l'Assemblée nationale pour la nation semble s'être en partie transformée en captations de vidéos individuelles destinées aux réseaux sociaux* »[33]. D'autres se veulent plus mesurés[34] ou lient un tel constat à des stratégies politiques[35] telles que l'histoire parlementaire a déjà pu en connaître. En tout état de cause, la dénonciation d'une « théâtralisation » n'a pas attendu la diffusion audio-visuelle des débats parlementaires, comme en témoignent certains épisodes restés célèbres[36]. Néanmoins, les outils numériques ont accéléré la diffusion et éventuellement le caractère viral des coups d'éclats.

Pour autant, liés à la question plus précise de l'élaboration de la loi, ces éléments pourraient s'avérer sévèrement critiquables dans l'éventualité d'un changement du droit guidé par le seul souhait de se rendre visible. À ce titre, tout le monde a en tête des cas relevant de ce que l'on a coutume d'appeler les lois dites du « chien écrasé », ou « loi

---

et émotions parlementaires », notam. p. 218-263. Mis en lumière par la fiction, v. le dossier coordonné par PERNOT Denis, « Le roman parlementaire », *Parlement[s]*, 2016, n° 24, 2016, 200 p.

[31] ALGAN Yann, RENAULT Thomas et SUBTIL Hugo, « La Fièvre parlementaire [...] », *Observatoire du bien-être du Cepremap*, note n° 2025-01, 13 janv. 2025, 16 p., ici p. 2.

[32] *Ibid.*, p. 4.

[33] *Ibid.*, p. 13.

[34] Contredisant les conclusions de l'enquête précitée, v. par ex. : DELEMAZURE Théo, « Non, les députés ne font pas des interventions plus courtes pour TikTok » [en ligne], 14 janv. 2025, Note de blog : https://theo.delemazure.fr/blog/assemblee/les-deputes-tiktoks.html (informatique, LAMSADE, Université Paris Dauphine).

[35] OLLION Étienne, *Les candidats. Novices et professionnels en politique*, PUF, 2021, p. 146-147.

[36] Dont certains se retrouvent par ex. in GARRIGUES Jean (dir.), *Les grands discours parlementaires. De Mirabeau à nos jours*, Armand Colin, 2017, 432 p. V. aussi ROUSSELLIER Nicolas, *Le Parlement de l'éloquence. La souveraineté de la délibération au lendemain de la Grande Guerre*, Presses de Sciences Po, 1997, 298 p.

du 20 heures » pour reprendre la pensée du Professeur Carcassonne[37] : le dépôt, voire le vote, de textes de réaction portant d'abord comme objectif d'apparaître actif[38], au détriment éventuel de la qualité de la loi voire de la Constitution. Chaque émoi dans l'opinion pourrait alors impliquer une loi nouvelle par la transformation de l'initiative législative en un instrument à visée médiatique[39]. Elles rempliraient ce que l'on pourrait appeler une fonction tribunitienne, en reprenant le terme du Professeur Georges Bergougnous[40]. L'élargissement de l'ordre du jour parlementaire y a évidemment contribué, notamment depuis 2008[41].

Alors même qu'un certain nombre de textes a peu de chances d'être adopté, la transparence des débats parlementaires permet aussi de remplir un office communicationnel. Là encore, la difficulté pour le juriste est de mesurer un tel phénomène qui, s'il était avéré, pourrait à terme conduire à un recul de la transparence en raison de ses nombreuses incidences potentielles[42], particulièrement sur le droit. La capacité d'une proposition à surmonter les obstacles en est un indice

---

[37] V. p. 40 : CARCASSONNE Guy, « Penser la loi », *Pouvoirs*, 2005, n° 114, p. 39-52.

[38] Récemment, v. les propos du Pr. Anne LEVADE : « L'État de droit, "cadre juridique de la démocratie" », *Zoom zoom zen*, France Inter, 7 avril 2025, 48 min., de 13'25" à 15'45".

[39] Pour quelques exemples, v. par ex. : JANUEL Pierre, « Les pires propositions de loi déposées à l'Assemblée » [en ligne], *Blog Les Cuisines de l'Assemblée*, 7 août 2014. Pouvant parfois être adoptées, elles conduisent à cette inflation législative si régulièrement regrettée, comme par le Conseil d'État dans son étude « Mesurer l'inflation normative », présentée en Assemblée générale le 3 mai 2018 (29 p.).

[40] BERGOUGNOUS Georges, « L'initiative parlementaire entre affirmation d'une fonction tribunicienne et recherche de la sécurité juridique », *Constitutions*, 19 mars 2010, n° 1, p. 47-49, et « L'ordre du jour des séances d'initiative parlementaire : un usage peut en cacher un autre », *Constitutions*, 26 juin 2019, n° 1, p. 169-204. On retrouve l'expression concernant les résolutions parlementaires depuis la défense d'une telle fonction par le Comité Balladur (*Une République plus démocratique*, La Documentation Française, 2007, p. 57). À ce sujet, v. : PREUVOT Perrine, *Les résolutions parlementaires, instrument de la fonction tribunitienne du Parlement français*, Dalloz, 2025, 800 p.

[41] Réservant un jour de séance par mois à un groupe d'opposition ou minoritaire (« niches parlementaires »), art. 48 C. suivant la révision constitutionnelle de 2008.

[42] V. par ex. : CAMBY Jean-Pierre, *Le travail parlementaire sous la Ve République*, 7e éd., LGDJ, 2024, p. 88-91. Des aspects de qualité de la loi et d'inflation législative sont aussi fréquemment mentionnés.

important. Certaines dispositions en témoignent assez clairement, par exemple lorsque, censurées par le Conseil constitutionnel comme dépourvues de lien avec le texte initial (des « cavaliers législatifs »[43]), elles ne sont plus défendues une fois le bruit médiatique passé[44].

Les effets de la transparence sur l'« institution Parlement » amènent avec eux un lot d'interrogations qui pourrait suffire à légitimer l'objet de cette étude. Touchant aux élus dans leur manière d'agir, elle peut aussi avoir des répercussions sur les normes adoptées et, de manière plus générale, sur la structure juridique.

II. Transparence et droit : une fois la norme adoptée, des conséquences favorables

Dans une formule restée célèbre, le Doyen Carbonnier s'exclamait : « *Une loi qui n'est pas soutenue par un consensus populaire est en péril d'ineffectivité* »[45]. Il ne s'agit plus ici de questionner les effets de la transparence en amont mais une fois la norme adoptée. En ce sens, il est possible d'avancer que la transparence rend service au Droit sur trois points au moins. C'est donc trois fonctions de la transparence qui nous semblent pouvoir être proposées et brièvement exposées ici. Selon nous, la transparence contribue à la *connaissance* du droit (A), à la *construction* du droit par les citoyens (B) et à l'*acceptation* du droit (C).

---

[43] Outre l'art. 45 C., v. : MAÏA Jean, « Le contrôle des cavaliers législatifs, entre continuité et innovations » [en ligne], *Titre VII*, avril 2020, n° 4.

[44] À titre d'exemple, un amendement à la loi n° 2020-1674 *de programmation de la recherche pour les années 2021 à 2030* créait un délit d'intrusion dans les universités (art. 38). Censuré par le Conseil constitutionnel comme cavalier législatif, il ne fut plus porté une fois le bruit médiatique passé : v. Conseil constitutionnel, déc. n° 2020-810 DC du 21 déc. 2020, § 31 à 37.

[45] D'après CARBONNIER Jean, *Essai sur les lois. Tendances actuelles de l'art législatif*, Defrénois, 1995, p. 244. En réalité, il semble que la formule soit plus ancienne : v. LAZERGES Christine, « VIe Congrès de l'Association française de droit pénal (Montpellier, 7-9 nov. 1983) », *Revue de science criminelle et de droit pénal comparé*, janv.-mars 1984, n°1, p. 162.

A. Une transparence fonction de connaissance du droit

Déjà, en raison de son caractère immédiat, la transparence participe à la *connaissance du droit*, plus encore que la simple publicité. Elle permet à tout intéressé de connaître le droit en vigueur comme de ses potentielles évolutions futures. Elle résonne d'ailleurs avec la consécration de plus en plus forte d'un droit à l'information, en droit interne[46] comme en droit international[47], puisque cette prise de connaissance se fait sans délai, démarche particulière ou intermédiaire. En ce sens, l'accès à ce qui deviendra le droit positif est censé être facilité en le faisant connaître à toute personne intéressée et en permettant une anticipation des changements normatifs. Alors que, selon la formule, « nul n'est censé ignorer la loi », il serait même possible de considérer que la transparence vient participer de ce *devoir* d'information des citoyens en leur conférant un savoir plus grand : connaissance du droit actuel, de ce qui est discuté par les parlementaires, mais aussi donc de ce qui sera voté et selon quels motifs. La mise en place de la question prioritaire de constitutionnalité ne peut que constituer un argument complémentaire en faveur de la transparence, le justiciable ayant accès, immédiatement et sans

[46] À commencer par la loi n° 78-17 du 6 janvier 1978 relative à l'informatique, aux fichiers et aux libertés, puis très directement en droit de l'environnement comme à l'art. 7 de la Charte de 2004 ou aux art. L120-1 et s. du Code de l'environnement. L'article 47-2 de la Constitution précise aussi que « *par ses rapports publics, [la Cour des comptes] contribue à l'information des citoyens* ».

[47] *V.*, par ex., la Convention sur l'accès à l'information, la participation du public au processus décisionnel et l'accès à la justice en matière d'environnement de 1998, dite « Convention d'Aarhus », entrée dans le droit français par la publication d'un décret n° 2002-1187 au JORF du 21 sept. 2002. En 2015, l'UNESCO proclamait 28 septembre « Journée internationale de l'accès universel à l'information. Selon le « Commissariat à l'information » du Canada, en 2021, 127 pays garantissaient « *le droit d'accès de leurs citoyens à l'information de leur gouvernement* » [en ligne] : *oic-ci.gc.ca/fr/droit-linformation.* N. Le Peuvédic nous signale également la résolution (77) 31 du 28 septembre 1977 du Conseil de l'Europe sur la protection de l'individu au regard des actes de l'administration conférant un « droit d'accès ».

intermédiaire, aux arguments et griefs énoncés sur un texte en discussion[48].

La diffusion des débats par les assemblées elles-mêmes, ainsi que de leur reprise – suffisamment longuement – par certaines chaînes de télévision (au premier titre desquelles *LCP*[49], *France 3* et certaines chaînes d'information en continu) sont l'incarnation même de cette transparence[50] œuvrant en faveur de la connaissance du droit. C'est aussi un instrument de formation citoyenne[51]. *A contrario*, si des initiatives individuelles portées par des élus se sont multipliées dans le but affiché de « dévoiler les coulisses » du travail parlementaire et de se rapprocher des citoyens[52], il n'est pas certain que de telles pratiques, dont la visée est d'abord promotionnelle, puissent toujours être assimilées à la transparence telle que définie plus tôt. De manière tout à fait intéressante, la transparence pourrait même constituer le meilleur remède à une communication – partielle et forcément partiale – où le représentant se met en scène.

---

[48] En ce sens, v. BONNET Julien, GAHDOUN Pierre-Yves et ROUSSEAU Dominique, *Droit du contentieux constitutionnel*, 13e éd., LGDJ, 2023, p. 51 et s.

[49] Créée en 1999 sur initiative conjointe des présidents de l'Assemblée nationale et du Sénat par la loi n° 99-1174 du 30 déc. 1999 *portant création de La Chaîne parlementaire.* V. notam. son article 2.

[50] Sur la question de « la diffusion de l'information parlementaire » par les chambres, v. : BALNATH Mohesh, *L'administration des assemblées parlementaires sous la Cinquième République*, thèse de doctorat, droit public, Université Jean Moulin Lyon-3, 2022, p. 1226-1252.

[51] Sur cette question, v. les propositions formulées : GREN Marie, PADOVANI Julien, « Le déficit de culture constitutionnelle contribue au développement et à l'aggravation de la crise de la démocratie » [en ligne], Tribune, *Le Monde*, 26 mai 2023.

[52] Reprise par les élus d'extraits de leur intervention filmée, port d'un micro pour qu'il soit possible d'entendre les échanges et réactions en direct, tentative de mise en place de « vidéos-lives » depuis l'hémicycle, commentaire en direct sur les réseaux sociaux (« live-tweet »), les exemples sont nombreux. Assimilées à « *des manifestations troublant l'ordre* » (art. 70 RAN), certaines de ces pratiques ont conduit leurs auteurs à être sanctionnés. En ce sens, c'est peu dire que le nombre de sanctions prononcées à la chambre basse a augmenté de manière exceptionnelle entre 2017 et 2024, confirmant éventuellement la « théâtralisation » plus tôt évoquée. En ce sens, v. : DE BUJADOUX Jean-Félix, « La réforme des retraites : acmé de la dés-*affectio societatis* au Palais Bourbon », *Jus Politicum*, 2023, n° 30, p. 49-63.

B. Une transparence fonction de co-construction du droit

Ensuite, cette transparence des débats parlementaires peut être le moyen pour les citoyens de *participer à la construction du droit*. Si, selon l'article 6 de la Déclaration de 1789, « la loi est l'expression de la volonté générale », la phrase qui suit n'a que peu marqué le droit ou les esprits[53]. Elle énonce que « *tous les citoyens ont droit de concourir* personnellement, *ou par leurs représentants, à sa formation* » (souligné par nous). La transparence pourrait ainsi être l'instrument transformant cette disposition, attachée à l'un des articles les plus importants du texte de 1789, en lui conférant un contenu véritable. Il s'agirait d'une reconnaissance formelle des interactions entre élus et citoyens, individuellement ou par le biais de ce qu'il est coutume d'appeler la société civile organisée[54]. C'est par exemple le cas lorsqu'un texte est amendé à la demande de certains pans de la société[55].

Allant plus loin, il serait aussi possible de considérer que la prise en compte des réactions aux débats parlementaires est l'autre pendant de cette transparence irradiant la construction du droit. Sans aller jusqu'à parler de surveillance[56], la transparence permet un regard citoyen qui

---

[53] En ce sens, v. : ROUSSEAU Dominique, *Six thèses pour la démocratie continue*, Odile Jacob, 2022, p. 71-72 et « Thèse 3. Les citoyens concourent personnellement à la fabrication de la loi » (p. 57 et s.). Dans le fond, v. aussi : BARANGER Denis, « Citoyen représentant. Une lecture de l'article 6 de la Déclaration des Droits de l'Homme et du Citoyen de 1789 », *Jus Politicum*, fév. 2023, n° 29, p. 77-107.

[54] Il est d'ailleurs particulièrement interessant de souligner que le Droit de l'Union européenne prévoit la « transparence » des travaux de ses organes aux mêmes articles où elle reconnait l'importance des citoyens, des associations représentatives et… de la société civile ; v. art. 15 TFUE et art. 11 TUE.

[55] L'exemple récent le plus parlant est certainement la discussion du *Projet de loi de simplification de la vie économique* (2024-2025) où chaque groupe politique a revendiqué des victoires sectorielles. V. par ex. : LE GOFF Samuel, « La kermesse de la simplification à l'Assemblée » [en ligne], Chronique parlementaire, *Atlantico.fr*, 27 mars 2025.

[56] En l'absence de sanction immédiate, comme par une procédure de *recall*. *A contrario*, considérant donc que la transparence permet la surveillance, v. : KERLÉO Jean-François : « Comprendre l'État sous le regard de la transparence », *Droit et société*, 2019, n° 102, 379-396, notam. p. 392 et *infra*, note 72 de la présente contribution.

pourrait ouvrir la voie à un contrôle[57]. Celui-ci peut, *in fine*, conduire à une sanction politique opérée lors des élections. En économie, la démonstration est maintenant ancienne[58] considérant la rationalité des parlementaires[59] souhaitant être réélus. Bernard Manin ne dit pas les choses autrement lorsqu'il écrit que « *la réitération des élections confère aux gouvernés un pouvoir nouveau sur la conduite des affaires publiques* »[60] : « *Des représentants soumis à réélection sont incités à anticiper le jugement rétrospectif des électeurs sur la politique qu'ils mènent* »[61]. Dans le même sens, pour le Professeur Denis Baranger, « *la relation de représentation a trouvé dans le mécanisme unique de l'élection, à la fois son opération et sa sanction* »[62]. Suivant le principe révolutionnaire voulant que « *la société a le droit de demander compte à tout agent public de son administration* »[63], la transparence pourrait alors constituer une voie médiane qui ne méconnaîtrait pas le refus du

---

[57] En ce sens, v. : SÉNAC Charles-Édouard, « Le contrôle populaire des élus », in *Crises de confiance ?*, Éditions La Découverte, 2020, p. 57-72.

[58] « *Parties formulate policies in order to win elections, rather than win elections in order to formulate policies* » [Les partis proposent des politiques pour remporter les élections, plutôt que de gagner les élections afin de proposer des politiques], DOWNS Anthony, *An Economic Theory of Democracy*, Harper, 1957, p. 28, cité par VIKTOROVITCH Clément, *op. cit.*, thèse, p. 325. V. aussi : MAYHEW David R., *Congress. The Electoral Connection*, Yale University Press, 2004, 2e éd., 216 p.

[59] Davantage vérifiable qu'une rationalité éventuelle des électeurs, v. MAYER Nonna, « Qui vote pour qui et pourquoi ? Les modèles explicatifs du choix électoral », *Pouvoirs*, 2007, n° 120, p. 17-27.

[60] MANIN Bernard, *Principes du gouvernement représentatif*, Flammarion, éd. 2012, p. 227.

[61] *Ibid*, p. 228. De même : « *La volonté des gouvernés entre dans les calculs des gouvernants* ». V. aussi : PRZEWORSKI Adam, STOKES Susan C., MANIN Bernard (dir.), *Democracy, Accountability, and Representation*, Cambridge University Press, 1999, 364 p.

[62] BARANGER Denis, *Parlementarisme des origines. Essai sur les conditions de formation d'un exécutif responsable en Angleterre*, PUF, 1999, p. 24. Quand bien même, juridiquement, un tel constat ne peut conduire au raccourci faisant de l'élection l'instrument d'une nouvelle responsabilité politique : BUGE Éric, *Droit de la vie politique*, PUF, 2018, p. 449-451.

[63] DDHC de 1789, art. XV. Selon la Convention des Nations Unies contre la corruption ratifiée par la France en 2005, dite « Convention de Mérida », l'agent public comprend notamment « *toute personne qui détient un mandat législatif, exécutif, administratif ou judiciaire* [...] ».

mandat impératif en droit constitutionnel français[64], tout en permettant des interactions entre représentants et représentés lorsque s'écrit la loi.

C. Une transparence fonction d'acceptation du droit

Mieux connue, éventuellement co-construite, la loi adoptée en sort enfin mieux *acceptée* par la transparence des débats parlementaires. Elle apparaît en effet comme naissant d'un processus délibératif accessible à tous, et non de manière uniquement descendante. De ce fait, elle devrait paraître plus acceptable, voire légitimée[65]. Même si le Conseil constitutionnel n'a jamais reconnu l'existence d'un droit à la délibération parlementaire[66], la discussion produit l'accord et favorise le consentement de l'auditoire… Comme Pierre Rosanvallon[67], Bernard Manin a largement écrit sur l'importance de la délibération qui, on le sait, fait partie de ses *Principes du gouvernement représentatif*[68] (au même titre que l'information des citoyens). On sait aussi à quel point la publicité est centrale dans la construction d'un « espace

---

[64] Outre l'art. 27 C., v. la thèse éponyme de Clémence LAVIGNE, LGDJ, 2023, 624 p.

[65] John PITSEYS (dont la thèse s'intitulait « Transparence et démocratie. Analyse d'un principe de gouvernement », Université catholique de Louvain, Belgique, 2009) écrit d'ailleurs : « *Les sentiments actuels d'impuissance démocratique découlent sans doute moins de la corruption des représentants, d'un hypothétique effondrement moral de nos sociétés ou de la perte des repères spatiaux et temporels traditionnels que de la difficulté croissante à assurer, du point de vue du citoyen, une information publique à la fois complète et compréhensible, ainsi qu'une influence effective sur le processus de décision* » (p. 88), *id.*, « Démocratie et citoyenneté », *Dossiers du CRISP*, 2017, n° 88, 116 p.

[66] HAVARD Lucie, « Existe-t-il un droit fondamental à la délibération parlementaire ? », in *Les droits fondamentaux : quels enjeux pour le Parlement ?*, Mare & Martin, 2023, p. 287-295.

[67] Parmi ses nombreux écrits sur la question, v. par ex. : ROSANVALLON Pierre, *La légitimité démocratique. Impartialité, réflexivité, proximité*, Seuil, 2008, p. 211-213. V. aussi : « 3. La démocratie d'interaction », p. 319-344.

[68] MANIN Bernard, *op. cit.*, Flammarion, éd. 2012, p. 18. V. aussi : « 4 – Les décisions publiques sont soumises à l'épreuve de la discussion », p. 227.

public »[69]. La transparence ne peut dès lors qu'aller plus loin, par son immédiateté et par son absence de médiation.

Dans le même sens, la transparence prévient la suspicion et évite les situations dans lesquelles des comptes rendus de séance ont éventuellement pu différer de la réalité[70], situation quant à laquelle le citoyen se retrouve juridiquement impuissant[71]. Considérant les nombreux effets de la transparence[72], le Professeur Jean-François Kerléo proposait d'ajouter au premier alinéa de l'article 24 de la Constitution une quatrième fonction du Parlement de « *transparence délibérative ou de la discussion publique* »[73]. Elle permet de rappeler qu'en son temps déjà, Walter Bagehot attribuait au Parlement des fonctions multiples dont, à côté du vote de la loi, des fonctions expressives, pédagogiques et informatives[74]. L'acceptation du droit paraît indispensable à sa survie ; la transparence y participe largement.

---

[69] HEURTIN Jean-Philippe, *op. cit.*, 1999, p. 21. Reprenant les idées de SIEYÈS sur l'opinion publique et les travaux d'HABERMAS, v. p. 45-62.

[70] Parlant d'une époque révolue, v. : ROZENBERG Olivier, BAUDOT Pierre-Yves, « Entretien avec Claude Azéma, directeur du service du compte rendu intégral à l'Assemblée nationale », *Parlement[s],* 2010, n° 14, v. p. 140 et s. Publié en 2013 et s'appliquant encore en partie, v. : VIKTOROVITCH Clément, *op. cit.*, thèse, p. 151-155 (en commission parlementaire) et p. 253-250 (en CMP). Parlant même de « *reconstruction* a posteriori », v. : MOREL Benjamin, « Ce que conte le compte rendu : l'institution d'un ordre parlementaire idéalisé », *Droit et société*, 2018, n° 98, p. 179-199, notam. p. 185 et s.

[71] En effet, « *les comptes rendus des séances publiques au Parlement sont insusceptibles de recours* » (p. 221), même s'il est possible d'espérer que le juge en vienne un jour « *à admettre sa compétence [...] pour censurer l'*erratum *qui modifierait le fond des débats* », BALNATH Mohesh, *op. cit.*, thèse, 2022, p. 223.

[72] « *De l'identification à la surveillance et au contrôle en passant par le développement de l'information et du savoir* », KERLÉO Jean-François, « La transparence du travail parlementaire », art. cit., p. 39.

[73] Dans le même sens que nos trois fonctions, le Professeur poursuit : « *En effet, le Parlement constitue le canal politique à partir duquel la loi prend forme et se diffuse au sein de la société civile* », KERLÉO Jean-François, « La transparence du travail parlementaire », art. cit., p. 43.

[74] BAGEHOT Walter, « The House of Commons » [15 mars 1866], repris dans *The English Constitution* [1867], deuxième édition en 1894, Kenan Paul, Trench, Trübner & Co [Londres], p. 130-175 et, du même auteur, *La Constitution britannique*, Germer-Baillière [Paris], 1869. V. spécifiquement : LE DIVELLEC Armel, « Bagehot et les fonctions du Parlement (britannique). Sur la genèse d'une découverte de la pensée constitutionnelle » [en ligne], *Jus Politicum*, 2012, n° 7, notam. : « *[Bagehot] souligne avec raison que les débats parlementaires ne sont pas de "simples bavardages" mais*

La consécration d'un principe constitutionnel de transparence pourrait ainsi être un des moyens les plus simples, mais aussi des plus immédiats, pour s'assurer que, lorsque s'écrit la loi, les apparences ne sont pas trompeuses. À la manière du Professeur Georges Bergougnous, à qui nous souhaitons dédier ces quelques réflexions, il serait aussi possible de considérer que la transparence « *prend aussi son ancrage dans la jurisprudence du Conseil constitutionnel, dans sa décision 95-370 DC du 30 décembre 1995, où il a considéré que le bon déroulement du débat démocratique est la condition du bon fonctionnement des pouvoirs publics constitutionnels* »[75].

Une question reste alors en suspens : celle de savoir ce que demain le droit en dira et s'il consacrera un véritable principe de transparence des débats parlementaires remplissant les trois fonctions proposées. Celle des commissions mixtes paritaires n'est, en tout cas, pas à l'ordre du jour.

*remplissent une véritable fonction, essentielle pour le système politique tout entier. Sans doute, cette fonction a décliné depuis le XIXe siècle [...]. Néanmoins, les parlements demeurent le principal lieu institutionnel où la politique d'un pays peut être exprimée solennellement. À la fin du premier texte, Bagehot fait allusion à l'idée selon laquelle les discussions au Parlement consolident également "la formation de l'opinion publique". Sans qu'il la développe plus avant, semble ici se profiler ce qu'il appellera, en 1866, la "fonction éducatrice (*teaching function*)"* ».

[75] Selon la citation originale : « *cette* publicité *prend aussi son ancrage [...]* » (nous soulignons), BERGOUGNOUS Georges, « Le Parlement et la transparence », in *Transparence et vie publique,* Dalloz, 2015, p. 55. V. aussi, du même auteur : « La prise en compte de l'exigence de sécurité juridique par le Parlement au service de la qualité de la loi », *Titre VII*, oct. 2020, n° 5, p. 61-69.

L'APPARENCE DE LA NORMATIVITE

L'apparence choisie

L'APPARENCE DE L'ACTION
A propos des règles encadrant la lutte contre le changement climatique

Marta Torre-Schaub
Directrice de recherche CNRS, ISJPS, Université Paris 1 Panthéon-Sorbonne

Résumé

L'étude des règles qui encadrent la lutte contre le changement climatique permet de mieux analyser l'apparence que peut prendre la normativité en cette matière.

L'apparence, révélant d'abord ce qui est visible, montre une face brillante d'un droit de l'environnement manquant pourtant souvent de clarté quant à ses objectifs. Malgré ces défauts, l'existence même de ces règles souligne leur normativité et partant, leur caractère obligatoire. En droit de l'environnement plus particulièrement, ces règles révèlent une transformation au moins apparente de l'ordonnancement juridique.

Ces constats trouvent leur relativisation dans la consistance normative eu solide des règles en la matière, d'autant plus mise à mal à mal par le manque de cohérence et de synchronisation des objectifs en matière environnementale. Enfin, le caractère apparemment achevé des règles en la matière laisse à douter sur la possibilité d'une clarification, et sur la portée réellement contraignante de ces objectifs.

Emprunté du latin *apparentia* (« aspect extérieur »), l'apparence possède plusieurs sens : ce qu'on voit (de quelque chose, de quelqu'un), la manière dont quelque chose se montre, est visible. Par exemple, une belle apparence. C'est aussi l'aspect extérieur, considéré comme différent de la réalité. Par exemple, un caractère dur sous une apparence de douceur. De son côté, la normativité, c'est ce qui a le caractère d'une norme, d'une règle. C'est aussi un jugement, un précepte normatif.

Quelques précisions d'abord concernant les règles qui cadrent la lutte contre le changement climatique, permettront de mieux comprendre l'intérêt de cette étude. La lutte contre le changement climatique est conduite en France, du point de vue juridique, à partir du déploiement de plusieurs lois, mais, surtout et principalement, au travers des mécanismes réglementaires. En effet, les règles applicables tant à l'atténuation des gaz à effet de serre (à l'origine du changement climatique dit « anthropique ») comme à l'adaptation, relèvent pour la plupart de la planification. Cette dernière, en tant que technique d'organisation de l'action, largement utilisée dans les politiques publiques peut ainsi être climatique, énergétique, financière, écologique, etc. Il s'agit ainsi des plans, de programmes, qui fixent des objectifs à atteindre. La technique de la planification établit également un calendrier qui étale ainsi l'action dans le temps par rapport à l'atteinte d'une finalité ultime. Dans le cas précis de la lutte contre le changement climatique l'objectif est d'arriver à la neutralité carbone d'ici 2050.

Notons aussi, que la doctrine s'interroge sur la nature juridique de ces plans et l'action qu'ils induisent : sont-ils contraignants de par eux-mêmes ou de par leurs objectifs ? Sont-ils opposables et comment ? Leur compatibilité avec d'autres plans ou actes administratifs est-elle réelle ou apparente ?

Jacques Chevallier explique en ce sens que « Le droit doux parce que dépourvu de dimension contraignante est aussi inévitablement un droit flou : formulé en termes d'objectifs, directives ou de recommandations, … » Il soutient aussi que « la formulation dépendra dans une large mesure de l'interprétation qui en sera donnée, notamment par le juge »[1]. Et c'est bien la situation juridique dans laquelle on se retrouve lorsqu'on étudie la prise en compte des enjeux écologiques et, plus précisément climatiques, en droit français.

Toujours autour de la normativité, Bertrand Mathieu s'interroge à propos du « droit doux », et de sa charge normative. Il explique qu'une normativité « atténuée », dissimule peut-être, à l'arrière du décor, du moins lorsque certaines dispositions remplissent un rôle régulateur efficace, une normativité de facture beaucoup plus classique. Ainsi des documents d'orientation, des normes techniques, des recommandations ne sont-ils pas souvent indirectement impératifs en raison des effets

---

[1] CHEVALLIER Jacques, *L'État postmoderne*, LGDJ, 2004, 2e éd., p. 123.

juridiques catégoriques qu'attache la loi à leur intervention ou à leur homologation.

Mais cette optique n'est pas la seule. Le Professeur François Brunet explique qu'il faut parler de la « qualité de ce qui est normatif »[2]. Alors que cela laisse penser que ce serait un *état*, il dit que c'est souvent un « processus en cours ». La normativité est ainsi une potentialité. Même lorsque cette potentialité est confirmée, son caractère opératoire est fragile. La normativité n'est donc pas un état fixe. C'est un processus de constante « normativisation » et « dénormativisation ». Et c'est en suivant un raisonnement croisé entre les deux sens de l'apparence : ce qui est visible, par contraste par rapport à « ce qui est extérieur à la réalité », et la compréhension de la normativité comme un processus concernant les règles qui encadrent la lutte contre le changement climatique.

L'appréhension des règles qui encadrent la lutte contre le changement climatique, déclinée autour de deux optiques de l'apparence, nous permettra de mieux saisir leur normativité, entendue comme un processus. Je vous propose ainsi de suivre un raisonnement croisé entre ces deux sens de l'apparence : ce qui est visible (I) et « ce qui est extérieur à la réalité » (II).

I. Première forme de l'apparence : ce qui est « visible »

Les normes de planification et programmation climatique son des règles qui semblent – en apparence – bien cadrées. Ce sont pour la plupart des plans, des programmes, qui fixent des objectifs et un calendrier. Descartes, dans son *Discours de la méthode*, voulait montrer que l'ordre est en soit un art dont il découle une méthode, la seule, pour avoir réellement accès à la connaissance, puis éventuellement à

---

[2] BRUNET François, « Contrainte, obligation, normativité en droit » in TORRE-SCHAUB, Marta et LORMETEAU Blanche (dir.), *La question climatique est-elle contraignante ? Regards croisés à l'occasion du 5ème anniversaire de l'Accord de Paris*, Doss. Spec. *REEI,* n° 3, mars 2021, art. n° 10, p.p. 15-19.

l'action[3]. Les normes de planification et programmation climatique sont des règles qui semblent parfaitement ordonner une action. Action qui laisse la marque d'une certaine ambition. Ainsi, en apparence, la planification climatique « brille » (A), et laisse une « marque » de son action (B).

A. Une apparente brillance

Les normes de programmation sur le climat et l'énergie, d'abord, brillent, sont « apparentes ». Par exemple, les différentes Stratégies Nationales Bas Carbonne (SNBC) ont été lancées accompagnées d'une communication assez poussée, donnant l'apparence que la France était à la pointe de la lutte contre le changement climatique[4].

Pour autant et, si on entame déjà la troisième stratégie, les objectifs de réduction d'émissions de gaz à effet ne semblent pas être atteints, la France montrant souvent un retard par rapport notamment aux ambitions fixées par le cadre européen (pacte vert climat, loi climat).

1. Le cadre européen fixe en principe de règles contraignantes

Le paquet « Ajustement à l'objectif 55 » est un ensemble de dispositions législatives visant à réduire les émissions de gaz à effet de serre de l'Union européenne (UE) d'au moins 55 % d'ici à 2030 et à mettre l'UE sur la voie de la neutralité climatique d'ici à 2050.

Parallèlement aux actes législatifs européens dans ce cadre, la France avait publié le 1e avril 2020 son premier Plan National sur l'énergie (National Energy and Climate Plans, NECP) demandé par la Commission, relatif à la période 2021-2030 et à la compatibilité des

---

[3] DESCARTES René, *Discours de la méthode* (1637), Flammarion, (édition poche 2024).

[4]https://www.ecologie.gouv.fr/politiques-publiques/strategie-nationale-bas-carbone-snbc

mesures planifiées par la France avec l'objectif de neutralité climatique de l'UE. La Commission européenne avait ensuite publié, le 18 décembre 2023, l'évaluation des projets de mise à jour des NECP de tous les États membres, dont celui de la France[5].

Parmi les recommandations sur le volet atténuation, plusieurs portaient sur une demande de hausse d'ambition sur le déploiement des énergies renouvelables (EnR), notamment de revoir fortement à la hausse, en la portant à au moins 44%, la part des EnR qu'elle vise à atteindre à titre de contribution à l'objectif contraignant de l'UE en matière d'EnR à l'horizon 2030 fixé par la directive RED III (directive 2023/2413) sur la promotion de l'énergie produite à partir de sources renouvelables ; mais aussi de fournir un plan à long terme pour le déploiement des énergies renouvelables à horizon 2040, entre autres.

En février 2024, la Commission a recommandé de réduire les émissions nettes de gaz à effet de serre de l'UE de 90 % d'ici 2040 par rapport à 1990. En outre, en mars 2024, la Commission a publié une communication sur la gestion du carbone industriel, qui fournit des détails sur la manière dont les technologies capables de capturer le CO_2 ou de l'éliminer directement de l'atmosphère, puis de le stocker ou de l'utiliser, pourraient contribuer à cet objectif de 2040 et à atteindre la neutralité climatique d'ici 2050.

En septembre 2024, la Commission a publié un rapport sur le fonctionnement du règlement sur la gouvernance de l'Union de l'énergie et de l'action pour le climat, ainsi qu'une évaluation du règlement[6].

L'évaluation a conclu que le règlement a atteint une partie importante de ses objectifs en rendant la planification et l'établissement de rapports plus cohérents, intégrés et rationalisés, en aidant à mettre l'UE sur la bonne voie pour atteindre ses objectifs énergétiques et climatiques à l'horizon 2030. Toutefois, l'évaluation identifie certains domaines d'amélioration qui pourraient être pris en compte dans l'éventualité d'une future révision du règlement, notamment la

---

[5]https://www.citepa.org/dans-un-contexte-dincertitude-sur-la-sfec-la-france-transmet-la-version-revue-de-son-plan-national-energie-climat-a-la-commission/

[6] Règlement UE 2018/1999 du 11 décembre 2018 sur la gouvernance de l'Union de l'énergie.

nécessité d'améliorer les futurs PNIEC. Au plus tard le 30 juin 2024, les États membres devaient soumettre leurs plans nationaux intégrés en matière d'énergie et de climat (PNIEC) définitifs et mis à jour, conformément à l'article 14 du règlement sur la gouvernance. La France a soumis le 10 juillet 2024 le sien sur la base de la première version transmise le 11 novembre 2023 et des recommandations de la Commission qui avaient suivi[7]. Le PNIEC est un outil de planification stratégique, mis à jour tous les dix ans, permettant aux États membres de décrire comment ils atteindront leurs objectifs climat et contribueront à atteindre l'objectif collectif de neutralité climatique à l'horizon 2050 de la France. Parmi les recommandations sur le volet atténuation, plusieurs portaient sur une demande de hausse d'ambition sur le déploiement des énergies renouvelables (EnR). La Commission avait notamment demandé de revoir à la hausse, en la portant à au moins 44%, la part des EnR qu'elle vise à atteindre à titre de contribution à l'objectif contraignant de l'UE en matière d'EnR à l'horizon 2030. Ce document repose sur les initiatives de planification écologique et sur la Stratégie énergie-climat de la France. Il est complété par trois documents de programmation : la Programmation Pluriannuelle de l'Energie (PPE), la Stratégie Nationale Bas Carbone (SNBC) et le Plan National d'Adaptation au Changement Climatique (PNACC). La publication des documents clés de la Stratégie française Energie Climat (SFEC) est pour l'heure en suspens en attendant les résultats de différentes consultations. [8]

Mais ce qui est encore plus inquiétant est la nature même des objectifs fixés car non seulement ils ne sont pas tous égaux mais ils ne relèvent pas tous du même niveau de contrainte[9].

---

[7] La recommandation (UE) 2024/611 de la Commission du 18 décembre 2023 (JOUE du 7 mars 2024) ; Voir aussi, https://www.citepa.org/plans-nationaux-energie-climat-selon-la-commission-les-vingt-sept-sont-sur-la-bonne-voie-mais-doivent-faire-preuve-dambition-et-defforts-supplementaires-pour-atteindre-leurs-objec/

[8]https://www.citepa.org/dans-un-contexte-dincertitude-sur-la-sfec-la-france-transmet-la-version-revue-de-son-plan-national-energie-climat-a-la-commission/

[9] PEYEN Loic « Code de l'énergie, article L. 100-4 : les objectifs se suivent mais ne se ressemblent pas », *JCP A*, n° 5, 3 février 2025, p. 37 ; Rapport annuel 2025 Haut Conseil pour le climat, encadré

2. Un manque de clarté « normative » quant aux objectifs

En effet, à la lecture de la décision du Conseil d'État du 6 novembre 2024[10], les seuls objectifs européens concernant les énergies renouvelables s'imposant aux États sont ceux relatifs à la « part de référence », c'est-à-dire le plancher de 23 % pour la France. De cette même décision, il est également acté que l'objectif de 32 % (dans le cadre de la directive RED II) ne s'impose qu'à l'Union. Tout non-respect sur n'importe quelle période d'un an, entrainerait une obligation d'agir pour respecter l'objectif sur le fondement du règlement Gouvernance. La directive RED III ne peut pour l'instant être mobilisée. La question qui se pose est celle de la transposition de la directive RED III par la France. De son côté, la recommandation de la Commission du 18 juin 2019 sur le projet de plan national intégré en matière d'énergie et de climat (PNIEC) de la France couvrant la période 2021-2030[11], aux termes de laquelle il avait été suggéré de relever son niveau d'ambition pour 2030 à au moins 33 % d'énergies renouvelables, n'a pas de valeur contraignante, selon le Conseil d'État. La deuxième question qui se pose dès lors est celle de la valeur normative des recommandations de la Commission. Dans le même temps et, à la lecture de ces différents textes européens, les États ne sont contraints, pour l'heure et compte tenu du respect du principe de subsidiarité, à des obligations de résultats. De ce fait et si l'objectif est contraignant, les moyens pour y parvenir ne peuvent pas être imposés. Toutefois, la création d'un cadre national pour permettre d'atteindre collectivement l'objectif contraignant que l'Union s'est imposé est en elle-même une obligation pour les États. La France a été avertie à plusieurs reprises par la Commission pour des insuffisances dans ses projections[12].

[10] CE, 5 novembre 2024, n°471039, *Sté Eglise et assoc. Energies renouvelables*.

[11] JOUE n° C 297, 3 sept. 2009, p. 36

[12] Recommandation (UE) 2024/611 de la Commission, 18 déc. 2023, relative au projet de mise à jour du plan national intégré en matière d'énergie et de climat de la France pour la période 2021-2030 et à la compatibilité des mesures planifiées par la France avec l'objectif de neutralité climatique de l'Union et avec la garantie d'amélioration de l'adaptation : JOUE n° L, 7 mars 2024.

La troisième question que l'on peut se poser est celle de savoir qui peut vérifier la teneur de la contribution française à la réalisation de l'objectif collectif. A priori, le gouvernement est obligé de construire le cadre, efficace et juridiquement solide et le rôle du juge national est de vérifier son effectivité. Reste qu'il faut évaluer l'action publique en matière de climat et sa cohérence avec les engagements européens et internationaux, ce qui n'est pas aisé précisément du fait du « flou » entourant ces différents objectifs, leur niveau de normativité et de contrainte.

B. Une trace d'action apparente

Ayant au moins le mérite d'exister, ces différentes normes laissent ainsi une marque de leur apparence : leur existence semble liée à l'action. Elles s'affichent sur le site du ministère de la transition comme une marque de l'action prise, des efforts réalisés pour réduire les GES et pour s'aligner avec les engagements internationaux et européens. Mais, qu'en est-il de leur valeur normative leur permettant, à terme, de passer de simples objectifs à de vraies obligations ? Quand cessent-elles d'être des gages de moyens pris pour devenir des obligations de résultats. En fait jamais, et c'est bien là tout le problème.

1. Le caractère normatif d'un acte

La normativité d'un acte administratif est juridique : la norme juridique contenue dans l'acte administratif consiste en une prescription destinée à diriger la conduite humaine. Sa nature impérative, résultant d'un acte de volonté, a pour objet d'imposer certains comportements ou, inversement, d'en interdire d'autres.

La nature impérative de la norme attachée à l'acte administratif peut revêtir plusieurs formes dans la mesure où l'acte administratif peut être matérialisé ou non, et qu'il peut être explicite ou non. De plus, la norme d'un acte administratif peut être plus ou moins précise, de sorte qu'il est possible de distinguer les actes administratifs réglementaires de ceux non réglementaires.

2. Le caractère obligatoire

Le caractère obligatoire apparaît aujourd'hui décisif dans l'identification de toute norme juridique. La grande majorité de la doctrine s'accorde sur ce point que la jurisprudence corrobore. Cela n'exclut pas des hésitations face à certains actes. « Le mot "norme" exprime l'idée que quelque chose doit être ou se produire, en particulier qu'un homme doit se conduire d'une certaine façon »[13]. Une norme juridique est valable ou non selon que son auteur est habilité ou non à l'émettre. L'objet des normes juridiques est de poser une obligation[14]. Qu'elles obligent à un comportement actif ou passif, les propositions normatives sont toujours l'expression d'une obligation. L'*instrumentum* par lequel la norme est exprimée peut adopter n'importe quelle forme dès lors qu'elle est reconnue valable par l'ordonnancement juridique pour émettre une telle norme[15].

Toutefois, prenons l'exemple de la PPE. Les actes interprétatifs, comme pourrait être considéré un décret sur la PPE, qui se borneraient à énumérer des dispositions d'une loi en les développant, constituent parfois de véritables normes. Dans l'hypothèse où l'interprétation est donnée sous la forme d'un acte ordinairement normatif (décret, arrêté) – comme pour la PPE – cette finalité particulière ne remet pas en cause la présomption. Ainsi un décret tel que la future PPE-3, qui, non seulement se borne à énumérer les dispositions de la loi de 2019 mais prévoit, des dispositions incompatibles avec ladite loi (article L.100-1 du code de l'énergie) ou encore, incompatibles avec les objectifs de structure particulière de la loi européenne sur le climat Fit for 55, bien que purement interprétatif dans sa nature, peut néanmoins été considéré

[13] KELSEN Hans, *Théorie pure du droit*, 2e éd., 1962, Dalloz, p. 6.
[14] *Ibid* p. 125.
[15] CE, 19 juin 2006, n°s282702, 283079, et n°283079, *Fédération départementale des syndicats d'exploitants agricoles de la Vendée*, *Leb.* 958.

comme susceptible de recours et donc, implicitement, comme normatif[16].

Pour aller plus loin, l'acte interprétatif (tel le futur décret PPE) est susceptible de contenir une prescription propre : celle de donner désormais le sens indiqué au texte interprété. Il impose alors une interprétation, parmi toutes celles qu'il était possible de retenir, et présente le caractère obligatoire, décisif de la normativité. Pour autant, si la lecture qu'il propose est présentée comme immanente au texte considéré (la loi de 2019), c'est au terme d'une reconstruction de celle-ci a posteriori. Auparavant, d'autres interprétations étaient légitimes (le décret PPE-2, par exemple), et c'est précisément cette pluralité des sens possibles du texte qui a justifié l'acte interprétatif. Le dernier décret donc (le décret PPE-3 à venir), en prescrivant de ne conférer qu'un seul sens au texte concerné (la loi de 2019), pose une véritable norme. Toutefois, l'interprétation donnée ne s'applique pas rétroactivement mais seulement à compter de l'acte qui la formule : soit sa publication sous forme de décret PPE-3[17]. Cela confirme que le caractère impératif découle de ce dernier (la nouvelle PPE-3) et non du texte antérieur (la loi de 2019), sujet de l'interprétation.

3. Une transformation apparente de l'ordonnancement juridique

Tous les actes juridiques formels sont susceptibles de poser une norme. Mais la présomption de normativité dont ils bénéficient n'est pas irréfragable. Le Conseil d'État dénonce régulièrement l'absence de tout contenu normatif de dispositions de lois et de décrets, particulièrement dans leurs articles introductifs[18]. Inversement, de véritables normes sont parfois cachées au sein de faits ou d'actes qui ne sont pas censés en receler. Le pragmatisme prévaut en la matière, car la forme ne fait pas la norme. Au-delà des présomptions irréductiblement attachées à la

[16] CE, sect., 26 avr. 1978, *Comité d'entreprise de la Sté nationale de télévision en couleurs Antenne 2*, *Leb.* 186.

[17] Dans ce sens, Massot, concl. *AJDA* 1978. 50.2.

[18] *De la sécurité juridique*, Rapport public 1991, 1992, *Doc. fr.*, p. 32 et s. ; *Sécurité juridique et complexité du droit,* Rapport public 2006, 2006, La Doc. fr., p. 281 et s.

forme des actes, tout est affaire d'espèce. La normativité des actes administratifs s'apprécie donc au cas par cas[19]. La généralité de la norme réglementaire ne s'apprécie pas non plus au regard de ses effets concrets. La généralité de l'acte se caractérise par le fait que son objet est défini sans considération pour les personnes qui devront le respecter. Cela explique qu'il soit couramment présenté comme un acte général et impersonnel. La norme est posée pour elle-même dans un champ donné, indépendamment de ses destinataires potentiels. Cela permet de comprendre que le refus d'édicter un acte réglementaire soit lui-même un acte réglementaire. Le Conseil d'État a déjà admis que la PPE-2 était un acte susceptible de faire l'objet d'un recours pour excès de pouvoir, ce qui lui conférait une valeur juridique indéniable[20]. L'on peut donc raisonnablement penser que le futur décret sur la PPE-3 suivra le même sort. Il n'est pas impossible qu'il puisse y avoir un renvoi par une juridiction judiciaire au juge administratif de l'exception d'illégalité d'un acte administratif[21]. Cela l'oblige à statuer sur la légalité d'actes alors même que ce caractère a antérieurement fondé le rejet pour irrecevabilité du recours pour excès de pouvoir dirigé contre les mêmes actes[22]. Ces actes sont alors éventuellement déclarés illégaux s'ils violent les règles en vigueur. Cela pourrait ainsi être le cas si l'on s'attachait à souligner que le nouveau décret PPE-3 « violait » les règles en vigueur, soit les préceptes de la loi 2019 contenus dans le code dc l'énergie.

Enfin, les conditions de modification ou d'abrogation des décrets découlent de la forme de leur adoption, dans la mesure où s'imposent les principes du respect du parallélisme des compétences et des procédures. Le droit positif attache plus de conséquences à l'analyse de l'objet des normes qu'à celle de leur forme[23]. La portée d'une décision administrative commande largement son régime, qu'il soit administratif ou contentieux. L'état du droit se fonde aujourd'hui sur une distinction tripartite entre les actes réglementaires, les décisions d'espèce et les

---

[19] *Répertoire du contentieux administratif* §. 378. Cette référence me semble manque quelques éléments, notamment l'auteur (il me semble qu'il s'agit ici du Pr. Seiller)

[20] CE, 11 avril 2019, n°413548, *Assoc. Greenpeace France et a. et Assoc. Réseau Sortir du nucléaire.*

[21] Répertoire du contentieux administratif §. 406.

[22] CE 19 juin 1981, *Lesage*, *Leb.* 279.

[23] *Répertoire du contentieux administratif*, *loc. cit.*

actes individuels. Le décret PPE-3 sera un acte réglementaire et comme tel il est voué à produire des conséquences importantes sur la programmation énergétique et les objectifs de décarbonation et de reformulation du mix énergétique, afin d'atteindre les objectifs fixés par la loi européenne. Dans ce sens, indépendamment de sa forme (décret du Premier ministre ou décret en Conseil de ministres), son objet et conséquemment sa portée sont essentiels.

Ici, on se permettra de faire un rappel de la théorie des actes administratifs avancée par Léon Duguit au début du xxe siècle. Il opposait les « actes-règles », actes objectifs faits avec l'intention de produire une modification dans les règles de droit, les « actes-conditions », également objectifs dans la mesure où ils conditionnent l'application de certaines dispositions de droit objectif, mais colorés d'aspects subjectifs puisqu'ils appliquent la norme considérée à un sujet déterminé, et les « actes subjectifs » qui font naître à la charge d'un sujet une obligation spéciale ne trouvant pas nécessairement sa source dans le droit objectif[24]. La distinction permettait à l'auteur de rapprocher les lois et les actes réglementaires en tant qu'actes-règles. Il en déduisit la compétence des juridictions judiciaires pour interpréter les lois et les actes réglementaires, en se fondant sur le fait qu'un acte administratif réglementaire « participe également du caractère de l'acte législatif, puisqu'il contient des dispositions d'ordre général et réglementaire »[25]. Mais cette assimilation des règlements aux lois négligeait les différences organiques, formelles, procédurales et matérielles opposant ces deux types d'actes. N'oublions pas que, même pris sur habilitation du législateur, un acte réglementaire reste un acte administratif soumis au contrôle du juge administratif. De ce fait, le décret de la PPE-3 sera toujours susceptible d'être soumis à un contrôle du juge administratif. Ainsi, les possibilités de contestation varient selon le type de décision : l'exception d'illégalité des actes réglementaires est toujours recevable. En ce qui concerne les actes non réglementaires, l'exception d'illégalité ne l'est que tant qu'ils ne sont pas définitifs.

---

[24] DUGUIT Léon, *Traité de droit constitutionnel*, t. 1, 3e éd., 1927, de Boccard, p. 327 s.

[25] *Ibid.*

Jusqu'en 2002, pour établir si tel était le cas et en déduire la recevabilité du recours, le juge recherchait si l'acte administratif « ne s'est pas borné[e] à interpréter les textes en vigueur, mais a [...] fixé des règles nouvelles » pour apprécier son caractère normatif[26]. Une modification de l'ordonnancement juridique ne saurait être le fait que d'une décision réglementaire. La proposition qui modifie une proposition juridique impérative ne peut qu'être dotée d'une force impérative. Mais, un décret, une fois son caractère décisoire établi, était qualifiée d'acte réglementaire dans la mesure où, compte tenu de son objet, la norme qu'il posait avait nécessairement une portée générale. Ce raisonnement retenu conduirait le juge –hypothétiquement saisi de décider d'un recours pour excès de pouvoir contra la PPE-3- à de très minutieuses analyses pour confronter les dispositions en vigueur (de la loi 2019 inséré dans le code de l'énergie) et les termes du décret en cause. Il pourrait par exemple conclure au caractère partiellement réglementaire du décret pour en déduire la recevabilité du recours en ce qu'il serait dirigé contre les seules dispositions en cause (celles incompatibles avec la législation en vigueur) et n'en prononcer éventuellement l'annulation que dans cette mesure.

Ce faisant, la question peut se complexifier par rapport à l'examen de la recevabilité du recours. Le juge pourrait ainsi renverser le raisonnement habituel qui fait précéder l'examen du bien-fondé du recours par celui de la recevabilité et s'autorisait à apprécier la légalité d'un acte en dépit de l'irrecevabilité possible de sa contestation juridictionnelle. En conséquence, le recours ne serait déclaré recevable qu'en cas d'illégalité de l'acte contesté (le décret) et donc, parce qu'il serait fondé. En l'état actuel du droit et depuis 2002 (jurisprudence *Notre-Dame du Kreisker*), la normativité d'un acte n'est plus considérée comme liée au fait qu'il modifie les règles de droit en vigueur. Le juge administratif affirme lui-même en d'autres circonstances qu'un acte se bornant à maintenir en l'état l'ordonnancement juridique ou à l'interpréter peut être une décision[27]. En conséquence, le caractère décisoire d'un acte administratif découle de la volonté de son auteur d'en imposer le contenu et non de l'apport de ce contenu à l'ordonnancement

---

[26] *Répertoire du contentieux administratif* §. 410 qui cite CE, Ass., 29 janv. 1954, *Institution Notre-Dame du Kreisker*, *Leb*. 64.
[27] *Répertoire*, *op. cit.*

juridique[28]. Le critère permettant d'établir la recevabilité du recours pour excès de pouvoir exercé contre un acte réglementaire est ainsi désormais l'impérativité de l'acte [29].

Il est dès lors permis d'en déduire que si un décret se borne à interpréter les textes en vigueur ou ne décide rien qui leur soit contraire, il n'affecte pas l'ordonnancement juridique de façon suffisamment grave ou immédiate pour constituer des décisions faisant grief. A contrario, si cette règle est contraire à une norme juridique supérieure dont le juge administratif est habilité à censurer la méconnaissance, le décret serait considéré comme "affectant l'ordonnancement juridique" et "incompatible" avec lui.

Ainsi et idéalement, une norme devrait quitter son « état d'apparence interprétative » pour épouser la « réalité » et ainsi venir réaménager ou affecter l'ordre juridique. Or, l'apparence est précisément, dans sa deuxième acception, « ce qui demeure extérieur à la réalité ».

II. Deuxième forme de l'apparence : ce qui est extérieur à la réalité

Ce qui est extérieur de la réalité doit malgré tout se « contraindre » à la réalité. La normativité de ces normes de planification est-elle adaptée à la réalité de la crise climatique ? L'action qui en devrait découler est-elle réelle ?

A. Une normativité apparemment réelle

Comme déjà évoqué, la plupart des règles attenantes au climat sont de nature administrative. Cette nature aurait dû rendre plus aisé leur

---

[28] CE, Ass., 18 déc. 2002, *Mme Duvignères*, req. n° 233618, *Leb*. 463.
[29] *Ibid.*

mise en œuvre et donc l'action. L'apparence ainsi justifie leur nature normative administrative et non pas législative. Plus facile de mise en œuvre qu'une loi, plus agile, plus facilement adaptable à la réalité.

Cependant, et à vrai dire, ceci est un leurre pour plusieurs raisons ici détaillées.

1. Une consistance normative peu solide

D'abord, la manière de gouverner la question climatique et énergétique via des actes administratifs fragilise quelque peu la permanence normative et la sécurité juridique. Ces actes, même si opposables, peuvent changer au gré de circonstances beaucoup plus facilement que des lois. Prenons à nouveau l'exemple de la nouvelle PPE. De l'avis de plusieurs commentateurs, si la nouvelle PPE ouvre la voie à un avenir énergétique nouveau, le texte n'est pas à la hauteur de la sobriété nécessaire pour être en phase avec les objectifs dictées par la loi européenne sur le climat[30]. Bien qu'ayant été rehaussé à 30 %, l'objectif de baisse de la consommation reste encore insuffisant pour respecter les engagements européens « Fit for 55 » d'après l'avis même de l'Autorité environnementale il manquerait douze points. De même, les mesures pour atteindre cet objectif sont insuffisantes tel qu'il ressort du même document. La PPE 3 reste, de plus, juridiquement fragile, tant qu'elle ne sera pas encadrée par une loi de programmation.

Ensuite, on fait souvent une équivalence entre l'opposabilité et l'obligation, ce qui permet d'écarter le simple objectif. La planification climatique serait une figure hybride, quelque part entre l'opposabilité – et donc l'obligation – et le simple objectif, lui, plus maniable et sujet aux modifications. La définition des objectifs est importante pour donner un cap clair. Aucun objectif propre aux ENR n'est mentionné dans le projet de PPR. Il apparaît, un objectif « d'électricité décarbonée » englobant à la fois ENR et production nucléaire[31]. La question du

[30] Avis du HCC, Avis de l'autorité environnementale, Avis de l'académie des sciences, note de France, Nature Environnement, commentaire d'A. Gossement.
[31] Note FNE cit.

« mix énergétique » reste cependant soumise à de variables d'ajustement[32]. Une lecture attentive de la PPE3 peut laisser entrevoir une relance du nucléaire dont le design, le financement, le coût, le délai, et le retour d'expérience ne sont pas connus. Cela est assorti de petits réacteurs modulaires, qui démultiplient les risques et les déchets radioactifs, encore une fois, peu compatibles avec la préservation de l'environnement. S'agissant du gaz, il y a encore peu de visibilité.

En troisième lieu, les moyens utilisés pour l'atteinte de l'objectif, sont eux, peu décrits et laissés donc au gré des circonstances contextuelles, géopolitiques, économiques, voire, idéologiques. Cela ne peut être que précaire pour ne pas dire dangereux. Ces moyens, de plus, ne sont pas forcément cohérents entre eux. En effet, de faiblesses et un manque d'appréhension systémique sont constatés du point de vue juridique. Les objectifs définis par la loi sont codifiés aux articles L. 100-1, L. 100-2 et L. 100-4 du code de l'énergie. Ils sont notamment ceux indiqués à l'article L.100-4 qui comporte surtout les objectifs de développement des énergies renouvelables aux paragraphes 4° à 11° du I.

On observe d'abord un retard dans la publication d'une Loi de programmation énergie climat (LPEC) devant fixer les nouveaux objectifs en accord avec la loi européenne[33]. Également, et, à plusieurs reprises, la nécessité de synchroniser la future loi ensuite aux objectifs de l'UE a pu être soulignée. Cela demandera de clarifier les objectifs (en les actualisant) de la loi de 2019 afin d'établir une certaine cohérence systémique. Le code de l'énergie devra par la suite être actualisé.

En attendant une LPEC, et puisque le code de l'énergie est une codification à droit constant, c'est le dernier texte publié qui sera inscrit, soit la nouvelle PPE-3 dès qu'elle sera publiée sous forme de décret.

D'un point de vue juridique, l'inexistence d'une LPEC n'invalide pas les objectifs fixés par la PPE-3. Toutefois, il faut se pencher sur la

---

[32] Note FNE cit.

[33] HCC, Avis du 31 janvier 2025 p. 32.

manière dont ces nouveaux objectifs doivent être lus à la lumière de ceux affichés encore par le code de l'énergie.

2. Un manque de cohérence et de synchronisation d'objectifs

Compte tenu de la désynchronisation observée, on peut légitimement s'attendre à ce que les objectifs actuels du code de l'énergie soient substitués par ceux de la PPE-3, dès qu'elle sera publiée sous forme de décret. Si tel était cas, les écarts importants constatés entre les objectifs de la PPE et ceux inscrits dans la législation actuelle (ex : 50 % de réduction d'émissions visés vs. 40 % légaux) seraient éliminés. Un travail de mise à jour des objectifs aujourd'hui codifiés dans le code de l'énergie est un préalable indispensable pour, ensuite, disposer d'une PPE cohérente et dotée d'une valeur juridique certaine. Autrement, on persistera dans une situation de grande fragilité juridique aggravant la solidité des fondements juridiques de la stratégie climat/énergie.

B. Une normativité apparemment achevée

Pour autant, cela ne veut pas dire, qu'ils n'aient pas de charge normative. Au contraire, le Conseil d'État l'a clairement posé par exemple dans la première décision *Grande Synthe*. La SNBC a une normativité certaine et en fait découler des obligations. Le Conseil d'État dans sa décision du 19 novembre 2020, Grande Synthe I, a effectué un raisonnement en plusieurs temps pour parvenir à cette conclusion : « S'agissant de la portée juridique de la CCNUCC et de l'accord de Paris, invoqués par les requérants, en droit français, le Conseil d'État fait application d'une grille classique en relevant que ces accords renvoient à chaque État signataire le soin de prendre des mesures nationales pour assurer leur mise en œuvre. Le Conseil d'État précise néanmoins que les objectifs que s'est fixés la France à ce titre doivent être lus à la lumière de ces accords afin de leur donner une pleine portée en droit français… ». Il explique ensuite que « le législateur a ainsi fixé un objectif de réduction des émissions de gaz à effet de serre de 40 % entre 1990 et 2030 sur le territoire national. Pour atteindre cet objectif, le Gouvernement a adopté par décret une trajectoire de réduction. Revenant sur les objectifs climatiques que la France a intégré via la SNBC, le Conseil d'État reconnaît leur nature contraignante.

Reste qu'il est tout aussi important que l'acte soit « reconnu », explique François Brunet. Autrement dit, qu'il ait une « valeur sociale » reconnue. Mais, les actes administratifs, tel la SNBC, sont-ils impératifs ? Pour utiliser les termes du même auteur, il serait nécessaire que l'on ne puisse pas se permettre de « négliger » l'acte administratif. Cela nous ramène ainsi à la question de l'effectivité.

1. Des incertitudes sur une clarification possible

L'actualisation des objectifs à atteindre à travers les actes administratifs et la planification climatique et énergétique en général sont des éléments essentiels pour sortir de l'apparence et « épouser » la réalité. Si cette actualisation ne venait pas à se réaliser, ce serait aux juges administratifs d'intervenir. Toutefois, ils ne pourraient intervenir que dans l'hypothèse où ils seraient saisis d'un recours ayant pour objet de contester la légalité des objectifs du code de l'énergie non actualisés.

La deuxième hypothèse interviendrait lorsque le juge serait saisi d'un recours contre le décret PPE-3 pour différer du code de l'énergie. Une troisième hypothèse consisterait dans la saisine du juge dans un cas d'espèce afin de déterminer quels objectifs doivent être pris en compte. Dans ce dernier cas, le juge devrait indiquer quels objectifs prévalent.

2. Des incertitudes sur la portée contraignante et la hiérarchie des objectifs

Le juge saisi pourrait considérer que tous les objectifs sont de la même importance. Inversement, il pourrait considérer que tous les objectifs du code de l'énergie ne se valent pas et que certains sont modulables et indicatifs, dont notamment ceux sur l'énergie[34]. Le CE a ainsi pu identifier une norme de référence applicable pour décider s'il y avait une trajectoire énergétique » à respecter[35]. Il a estimé que le droit européen qui inspire ces dispositions produit à peine plus d'effets[36]. Mais il est difficile de suivre le Conseil d'État lorsqu'il opère une distinction des objectifs de l'article L. 100-4.. Dans ces conditions, et, si cette ligne jurisprudentielle était confirmée, même si le décret sur la PPE-3 venait à s'inscrire au code de l'énergie et substituait les objectifs actuels, le juge pourrait considérer qu'ils ne sont pas contraignants mais seulement indicatifs. Cela est malheureusement conforté par la suite de l'arrêt évoqué, lorsque le Conseil, dans une seconde phase, eut à se pencher sur la portée de la PPE par rapport aux articles L. 141-1 et s. du Code de l'énergie. La décision explique ainsi qu'il « ne résulte d'aucune disposition législative ou réglementaire que les objectifs fixés à l'article 3 du décret arrêtant la programmation pluriannuelle de l'énergie (PPE-2), relatifs à la contribution des différentes sources d'énergies renouvelables à la production d'électricité en France, et qui ne traduisent que des options hautes et basses, présenteraient un caractère contraignant à l'égard de l'État »[37]. Dans ce dernier scénario, peu importerait que les objectifs soient actualisés puisque le juge ne les considère pas contraignants. Dans ce contexte (configuration du pire), il faudrait œuvrer pour une reconnaissance égalitaire des objectifs du code de l'énergie. La question à débattre afin d'aboutir à un ordonnancement juridique moins fragile serait dès lors celle de la valeur contraignante des objectifs inscrits au code l'énergie. Conséquemment, cela place le juge -et d'autres possibles évaluateurs et « gardiens » des politiques publiques en matière de climat et énergie- dans un état constant d'alerte.

Toutefois, les choses ici se complexifient, car l'effectivité est discutable. La sanction « garantie de l'effectivité » étant un

---

[34] CE, 6 novembre 2024, n°471039, *Sté Eglise et assoc. Energies renouvelables* ; Voir surtout PEYEN Loic, « Code de l'énergie, article L. 100-4 : les objectifs se suivent mais ne se ressemblent pas », *JCP A,* n° 5, 3 février 2025, p. 37.

[35] PEYEN Loic *loc. cit.*

[36] CE, 6 novembre 2024, n°471039, *préc.* ; PEYEN Loic « Code de l'énergie, article L. 100-4 : les objectifs se suivent mais ne se ressemblent pas » *op. cit.* p. 37.

[37] CE, 6 novembre 2024, n°471039, *préc.*, *spéc.* § 20.

« complément de la norme, elle se trouve « neutralisée » ou pas « activée » concernant les règles sur la lutte contre le réchauffement. La sanction, adossée au contournement de la règle, est ineffective puisqu'au bout de cinq années de contentieux devant le Conseil d'État, la sanction n'a toujours pas été appliquée. Cela ne remet pas en cause la normativité, mais elle « apparaît » clairement comme un « processus en cours », et pas comme une chose aboutie. Si l'apparence normative est sauvée, elle est pour l'heure inachevée.

*

* *

Ainsi, les normes de planification climatique ne possèdent pas une normativité achevée. Elles présentent ce que j'appellerai une superposition de normativités. Leur charge normative étant en cours d'achèvement. On observe dès lors une apparence d'action, sans résultat final. On note que les règles permettant de lutter contre le réchauffement climatique possèdent une texture normative flexible pour ne pas dire fragile. Mais cet état de fait est extérieur à la réalité, car au fond, cette forme juridique est en elle-même un leurre d'ineffectivité. Leur flexibilité les condamne à rester dans une sorte de boucle évolutif et changeant qui les précarise. Cela suppose un frein à l'action plus qu'un facilitateur de celle-ci.

Reste que on peut se demander quel rôle joue le juge dans cette configuration normative. Il a considérablement fait avancer la question en reconnaissant et confirmant la normativité des actes administratifs de programmation. Tout en justifiant qu'il puisse avoir un aboutissement de cette normativité en privant de sens le complément de celle-ci : la sanction. Cela contribue ainsi à accroître l'apparence d'action, tout en lui accordant une charge normative sans effectivité réelle.

Une interrogation s'impose : si au bout du compte il y a normativité dans les règles climatiques pourquoi l'action reste toujours plus apparente que réelle ? Sans doute parce que le processus de normativité est encore loin d'être achevé concernant les règles de planification climatique et que l'on n'est qu'à un début. Le temps devra ainsi confirmer ou infirmer ces réflexions.

LA NORMATIVITE DU DROIT CONSTITUTIONNEL A L'EPREUVE DE SON APPARENCE

Maria SAVRANINA
Doctorante en droit public à l'Université Paris 1 Panthéon-Sorbonne

Résumé

Si la normativité est définie par des qualités techniques telles que la validité, l'efficacité ou la cohérence, elle repose aussi sur une apparence qui rend sa contrainte crédible, acceptée et légitime. En démocratie, cette dimension visible entraîne une performativité propre au langage juridique, aux rituels des institutions démocratiques, aux symboles et fictions collectives qui font exister le droit comme norme.

Loin d'être un simple critère, l'apparence peut précéder ou suppléer la substance tout en suscitant l'adhésion. Cette force esthétique peut être détournée : des régimes illibéraux réutilisent ou manipulent les formes du constitutionnalisme libéral pour en capter la légitimité tout en vidant les normes de leur substance.

La frontière entre l'apparence de la normativité et son simulacre devient alors incertaine, appelant à interroger les usages politiques de l'apparence et les conditions dans lesquelles elle soutient, ou au contraire, affaiblit la normativité constitutionnelle.

Introduction

Si le « monde entier est une scène de théâtre »[1], le droit constitutionnel est assurément l'une de ses pièces les plus solennelles. La légitimité même de l'organisation politique relève d'une exigeante mise en scène. Fondamental par nature, le droit constitutionnel ne saurait se résumer à un décor mais doit pouvoir produire des effets juridiques tangibles en contraignant ou orientant les comportements. La normativité serait alors une « caractéristique constitutive »

[1] SHAKESPEARE William, *As You Like It*, Routledge, 1975, acte 2, scène 7, t. 139 : « *All the world's a stage, and all the men and women merely players* ».

[1] et même essentielle d'un droit constitutionnel dont la vocation serait de limiter le pouvoir, les individus et devenir moteur de transformations libérales substantielles. L'enjeu, à cet auguste échelon, est celui de la résilience démocratique[2] ainsi que la stabilité de l'armature d'un État[3].

À ce titre, la normativité repose sur les notions d'efficacité (application pratique, incluant effectivité et effets), de validité (conformité à une norme supérieure) et de cohérence interne du système normatif[4]. Ces critères permettent de créer un système techniquement normatif.

Cependant, la normativité ne se définit pas exclusivement par ses qualités techniques. Elle implique une dimension performative et apparente. L'apparence, qui s'entend comme la « forme nécessaire de l'expérience humaine du monde »[5] par le biais de notre sensibilité, peut revêtir plusieurs formes. En tant que critère de la normativité, l'apparence est un vecteur de légitimité, qui s'exprime par un ensemble de signes, formes, discours, procédures, symboles institutionnels et surtout d'un langage juridique, qui donne à croire en l'autorité du droit.

Le droit est un levier rhétorique de coercition qui produit une « réalité sociale partagée »[6]. Le langage doit être suffisant pour provoquer le suivi d'une règle de conduite quasi-instinctif, « sans conscience connaissante » ni « calcul rationnel »[7]. Le droit puise sa force dans cette performativité[8], par laquelle nous entendons le fait que

---

[1] BRUNET François, *La normativité en droit*, Mare & Martin, 2012, p. 44.

[2] BAECHLER Jean et ESCUDIER Alexandre, « Introduction. La résilience démocratique : éléments de cadrage », *in* Baechler Jean et Escudier Alexandre (dir.), *Résilience démocratique*, Hermann, 2024, p. 7-11.

[3] ORLANDO Vittorio Emanuele, *Principes de droit public et constitutionnel*, Fontemoing, 1902.

[4] V. not. : KELSEN Hans, *Théorie pure du droit*, Dalloz, 1962 ; BOBBIO Norberto, *Théorie de l'ordre juridique*, LGDJ, 1994 ; RAZ Joseph, *The Authority of Law*, Oxford University Press, 1979.

[5] KANT Immanuel, *Critique de la raison pure*, trad. A. Tremesaygues et B. Pacaud, PUF, 1980, p. 714.

[6] MALINOWSKI Bronisław, *Coral Gardens and Their Magic*, vol. II, George Allen & Unwin, 1935, p. 9.

[7] BOURDIEU Pierre, *Méditations pascaliennes,* Paris, Le Seuil, 1997, p. 78.

[8] AMBROISE Bruno, « La rationalité de l'efficacité performative » in *Bourdieu*, Éditions de l'École des hautes études en sciences sociales, 2011.

le simple énoncé d'une norme *semble* suffire à créer un effet juridique réel[9], comme lorsqu'un officier de l'état civil prononce un mariage. Il n'est pas nécessaire de se conformer parfaitement à la norme pour qu'elle demeure valide : traverser au feu rouge est une transgression qui n'annule pas l'article R.412-38 du Code de la route et sa perception comme norme. Le droit n'est pas seulement contraignant par « la force obligatoire ou la sanction »[10], mais surtout par la conviction qu'il provoque, notamment par le biais d'une rationalité et d'une universalité[11].

La force persuasive du droit repose sur des mécanismes d'adhésion souvent implicites, ancrés dans l'habitus, jusqu'à ce que le droit devienne un intermédiaire imperceptible[12]. Ainsi, la normativité se déploie entre contrainte explicite et adhésion implicite. Au-delà d'être imposé, le caractère perçu et persuasif[13] de l'apparence du droit est primordial. La dimension visible du droit conditionne son existence sociale, une norme n'existant que si elle est perçue comme norme[14].

En tant que critère de reconnaissance, l'apparence démocratique joue un rôle fondamental dans la légitimation du droit constitutionnel. Toutefois, sa malléabilité en fait un outil ambivalent, susceptible de soutenir aussi bien des processus de consolidation démocratique que des dérives autoritaires. L'apparence de normativité du droit constitutionnel, qui permet d'encadrer la démocratie, soulève alors des enjeux de survivance démocratique.

Pour tout État, afficher un constitutionnalisme démocratique normatif est un préalable à la participation à la société mondiale[15]

---

[9] AUSTIN J. L. et URMSON James O., *How to do things with words: the William James lectures delivered at Harvard University in 1955*, 2. ed., [repr.], Cambridge, Mass, Harvard Univ. Press, 2009, 168 p.

[10] TYLER Tom R, *Why People Obey the Law*, Princeton University Press, 2006.

[11] KOSKENNIEMI Martti, *From Apology to Utopia: The Structure of International Legal Argument*. 1re éd., Cambridge University Press, 2006.

[12] ROSS Alf, « Tû-Tû », in *Precedents, Statutes, and Analysis of Legal Concepts*, Routledge, 1998.

[13] DE DUVE Thierry, « Le jugement esthétique, fondement transcendantal de la démocratie », *Noesis*, n° 11, mars 2007, p. 117-27.

[14] CARBONNIER Jean, *Sociologie juridique*, PUF, 2004.

[15] MEYER John et *al*, *« World Society and the Nation-State », 103 AM. J. Soc. 144, 153*, 1997.

exigeant un certain « vernis de respectabilité »[16] à l'esthétique démocratique. Si la Charte des Nations Unies de 1945 ne comporte pas de mention de démocratie, la Déclaration Universelle des Droits de l'Homme de 1948 ne tolère qu'une « société démocratique »[17].

Ce prérequis est illustré par la création de la Commission de Venise, fondée à la chute du mur de Berlin[18] par Antonio la Pergola. Cette Commission balise le chemin vers la démocratie par le droit, appuyée par des études sur le domaine électoral, la protection des minorités et la suprématie des traités de droits fondamentaux[19]. À partir d'un « marché institutionnel »[20] européen et étatsunien, les juristes « fourniront à la fois les instruments de légitimation de l'innovation et les outils pratiques pour opérer les réformes »[21] via un patrimoine constitutionnel commun. Cependant, malgré cet accompagnement, la conformité apparente du droit avec les standards démocratiques modernes ne s'est pas avérée être un rite incantatoire résultant inévitablement d'une effective transition démocratique pour les États post-soviétiques et tous autres aspirants à la démocratie. La lecture des avis de la Commission de Venise[22] permet de retracer, progressivement, la dérive de plusieurs États vers l'autoritarisme au moyen du droit[23] ainsi que la décorrélation des apparences démocratiques avec système normatif démocratique.

---

[16] PHILIPPE Xavier, « La légitimation constitutionnelle des démocratures », *Pouvoirs*, vol. 169, no. 2, 2019, p. 37.

[17] Assemblée générale des Nations unies. « Déclaration universelle des droits de l'Homme. » Nations unies, 1948, Paris, art. 29.2 : « Dans l'exercice de ses droits et dans la jouissance de ses libertés, chacun n'est soumis qu'aux limitations établies par la loi exclusivement en vue d'assurer la reconnaissance et le respect des droits et libertés d'autrui et afin de satisfaire aux justes exigences de la morale, de l'ordre public et du bien-être général *dans une société démocratique.* ».

[18] GARRONE Pierre, « La Commission de Venise à la veille de son dixième anniversaire », *Rivista di Studi Politici Internazionali*, vol. 66, n° 4 (264), 1999, p. 527.

[19] DANELCIUC-COLODROVSCHI Natasa, « Fédération de Russie », *Annuaire international de justice constitutionnelle*, 2013, p. 245-264.

[20] MÉNY Yves (dir.), *Les politiques du mimétisme institutionnel: la greffe et le rejet*, Paris, L'Harmattan, 1993, p. 14.

[21] *Ibid.*, p. 23.

[22] DANELCIUC-COLODROVSCHI Natasa, *ibid.*, p. 201.

[23] COMMISSION DE VENISE, « Documents – Fédération de Russie » sur *Conseil de l'Europe* [en ligne], [consulté le 6 juin 2025].

L'aspect de normativité ne fait pas qu'accompagner la normativité mais peut s'y substituer. Ainsi, le droit peut paraître normatif sans réellement l'être. Dans un contexte de développement de démocraties illibérales[24], dans lesquelles le processus de démocratisation semble s'enrayer, où les transitions politiques ne débouchent pas toujours sur une consolidation de l'État de droit[25], interroger la fonction de l'apparence devient essentiel. Dans cette perspective, la normativité du droit constitutionnel n'est pas un simple critère ou une donnée fixe, mais une construction sociale et symbolique, malléable et donc susceptible d'être manipulée. Elle peut s'apparenter à une mise en scène de la démocratie, qui ne garantit pas toujours une normativité réelle mais produit un effet de légitimité[26]. L'apparence devient une simulation de normativité, et non plus son critère.

Dans cette perspective, la forme juridique risque de devenir plus légitimante que la substance juridique elle-même. L'apparence de normativité est un levier fondamental des dynamiques démocratiques (I) mais peut en venir à la fragiliser si elle permet de substituer la forme à la substance (II).

I. Les enjeux démocratiques de l'apparence de normativité

Si l'apparence seule ne peut garantir la normativité, elle agit comme un véhicule nécessaire à sa reconnaissance. Cette dépendance crée un paradoxe inhérent à l'apparence normative, à la fois condition d'existence et mise en scène potentiellement trompeuse (A.), particulièrement visible dans la construction symbolique du contrat

---

[24] ZAKARIA Fareed, « The Rise of Illiberal Democracy », *Foreign Affairs*, vol. 76, n°6, 1997, p. 22.

[25] CAROTHERS Thomas, « The End of the Transition Paradigm », *Journal of Democracy*, vol. 13, n°1, 2002, p. 9.

[26] OST François, « La légitimité dans le discours juridique : cohérence, performance, consensus ou dissensus ? », *Revue interdisciplinaire d'études juridiques*, vol. 12, n° 1, 1984, p. 163-92.

social, confrontant le droit à sa double nature de science et de performance (B.).

A. La fonction performative de l'apparence normative

Dans les régimes constitutionnels libéraux, la normativité ne tient pas seulement au contenu matériel des normes ou à leur force contraignante. Le droit doit générer l'action par une apparence persuasive, un « comme si »[27] : la faculté de fournir, en d'autres termes, une scène sur laquelle jouer une pièce de théâtre. Le droit est performance mais aussi illusion. Il doit savoir susciter, sans briser le quatrième mur ni révéler la mécanique de la mise en scène, la performance.

La démocratie libérale repose sur une iconographie constitutionnelle immédiatement reconnaissable : le champ lexical démocratique (peuple, droits de l'Homme, débat), les institutions iconiques (Parlement, Cour constitutionnelle, ministères), les procédures ritualisées (consultations, contreseings, élections) contribuent à ce théâtre juridique. Le constitutionnalisme conjugue pourtant une indisponibilité de ses outils libéraux (droits fondamentaux, principes et culture démocratiques, justice constitutionnelle) avec une conviction erronée du peuple de se donner intégralement « ses propres règles »[28].

L'apparence ne vise pas seulement à tromper : elle persuade, elle convainc, elle installe la règle dans les esprits[29]. Il s'agit d'un jeu subtil entre la forme et le fond, dans lequel certains principes démocratiques sont proclamés sans être pleinement réalisés. L'intention est de viser un idéal démocratique nécessairement inaccessible[30]. En ce sens, les fictions juridiques, telles que la souveraineté populaire indivisible, la volonté générale, l'universalité des droits humains, ne devraient pas

---

[27] RILES Annelise, « Le droit est-il porteur d'espoir ? » [en ligne], *Clio@Themis*, n° 15, février 2019, [consulté le 5 mai 2025].

[28] PFERSMANN Otto, « Normes juridiques et relativisme politique en démocratie », *Cités*, 2011, n°47-48, p. 275.

[29] WALLACE R. Jay, « Constructing Normativity ». *Philosophical Topics*, vol. 32, n° 1/2, 2004, p. 453.

[30] Selon Jean-Jacques Rousseau, « Il n'a jamais existé de véritable démocratie, et il n'en existera jamais » (du *Contrat social ou Principes du droit politique* – Livre III).

être des fictions destinées à tromper. Elles possèdent une fonction activiste : elles agissent dans le réel en mobilisant une croyance partagée, en projetant un ordre souhaitable qui oriente la pratique.

Si certains principes ne sont pas pleinement réalisés, d'autres peuvent l'être tout en s'appuyant sur un fondement extra-juridique mythique. Aux États-Unis, le mythe d'une liberté d'expression comme « tradition immémoriale »[31] est un exemple de fiction créant la conviction d'une pratique juridique fondamentale, justifiant et pérennisant une protection permissive de la liberté d'expression.

C'est précisément cette force d'apparence normative qui donne au droit son pouvoir performatif : il n'est pas seulement constat d'un état de choses, mais affirmation d'une réalité à faire advenir.

L'apparence peut précéder la substance. Meduchevsky décrit les monarchies constitutionnelles européennes, notamment allemande[32], comme un préalable fictif nécessaire à un droit constitutionnel normatif. Il se réfère notamment *Demokratie und Kaisertum*[33], œuvre de Friedrich Naumann qui s'interroge sur les relations entre le Reichstag et le Kaiser dans la monarchie constitutionnelle allemande. Selon Naumann, le pouvoir parlementaire n'a pas réussi à s'imposer comme un véritable contre-pouvoir, mis en échec par l'absence de bipartisme et la lutte pour obtenir une majorité, déstabilisant l'institut démocratique. La polyarchie[34], comme condition et conséquence de la pratique démocratique, peinait à s'implanter dans un régime où le pouvoir monarchique n'avait pas encore de concurrent.

En l'absence d'influence réelle sur le processus politique, le Reichstag occupe un rôle décoratif ou, au mieux, supplétif, auprès du Kaiser. Dans ce cadre, les institutions sont incapables de représenter la

---

[31] GAUDREAULT-DESBIENS Jean-François, « Du droit et des talismans : mythologies, métaphores et liberté d'expression », *Les Cahiers de droit*, vol. 39, nº 4, avril 2005, p. 717-52.

[32] МЕДУШЕВСКИЙ Андрей Николаевич [MEDUCHEVSKY Andrei Nikolaevitch], « Что такое мнимый конституционализм? » [Qu'est-ce que le constitutionnalisme fictif?], *Социологические исследования*, [*Enquêtes sociologiques*], № 2. 1994, p. 73.

[33] NAUMANN Friedrich, *Demokratie und Kaisertum*, Berlin-Schöneberg, Buchverl. der Hilfe, 1904, pp. 231.

[34] KROUSE Richard, « Polyarchy & Participation: The Changing Democratic Theory of Robert Dahl », *Polity*, vol. 14, nº 3, mars 1982, p. 441-63.

nation et d'exercer une influence véritable sur le processus de législation. Il s'agit du constitutionnalisme fictif dans lequel la Constitution sert à afficher l'image légitimante d'un despote éclairé. Toutefois, progressivement, faire *semblant* de diviser le pouvoir a conduit à une *véritable* division du pouvoir : par cette pratique, le constitutionnalisme acquiert une normativité.

Les fictions juridiques sont nécessaires, non pas parce qu'elles dupent, mais parce qu'elles permettent d'agir collectivement comme si certaines idées fondamentales, comme le fait que « les hommes naissent et demeurent libres et égaux »[35], existaient pleinement. Leur valeur ne réside pas tant dans leur vérifiabilité empirique que dans leur capacité à inspirer une action collective fondée sur un idéal commun.

Les fictions juridiques de la démocratie, d'apparence normatives, peuvent toutefois diminuer la légitimité du droit en étant apparentées à une « absence d'une réalité profonde »[36]. L'apparence de la normativité, dépourvue de qualités techniques, menace la conviction dans la légitimité démocratique. Selon Andreï Vychinski[37], un régime autoritaire sans équivoque est préférable à un régime tolérant des fictions juridiques, qui compromettent toute adhésion rationnelle possible au projet des démocraties libérales bourgeoises[38].

Dénoncer les fictions juridiques, en droit constitutionnel, menace de remettre en question l'ensemble des vertus de la démocratie. La nécessité d'enlever tout artifice démocratique et un refus de faire « comme si » sont alors annonciateurs de désenchantement et de désillusion. Cela entraîne une crise symbolique du droit et de la démocratie, un dépouillement de leurs apparats, proche des ruptures

---

[35] Article premier de la Déclaration des Droits de l'Homme et du Citoyen.

[36] BAUDRILLARD Jean, *Simulacres et simulation*, Paris, Galilée, 1981, p. 16.

[37] ВЫШИНСКИЙ Андрей Януарьевич [VYSHINSKI Andreï Yanuarevich], Государственное устройство СССР [L'organisation étatique de l'URSS], 3e éd. revue et augmentée, Moscou, Юр. изд-во НКЮ Союза ССР [Éd. juridique du Commissariat du peuple à la justice de l'URSS], 1938.

[38] НЕРСЕСЯНЦ Вениамин Сергеевич [NERSESIANTS Veniamin Sergeevitch], dir. « Правопонимание советского времени » [La compréhension du droit à l'époque soviétique], *История политических и правовых учений. Учебник для вузов* [Histoire des doctrines politiques et juridiques. Manuel pour les universités], 2e éd., Moscou, Norma–Infra M, 1999, pp. 756.

artistiques telles que le dadaïsme[39] ou le théâtre de l'absurde[40] nées lorsque les formes deviennent suspectes.

B. L'apparence normative nécessaire à la conviction démocratique

La légitimité constitutionnelle ne repose pas sur un contrat formel mais sur l'image d'une « communauté politique fictive »[41], d'un accord collectif originel autour de principes fondamentaux.

L'apparence d'adhésion au contrat social nourrit une conviction démocratique. Le contrat social suppose un consentement tacite de l'ensemble des participants de la société, illusoire dans sa portée pratique mais nécessaire pour garantir l'aspect consensuel du pacte social. Ce consentement est une formalité solennelle, ancestrale, impossible à récolter par sondage. Si ce n'est pas la preuve irréfutable d'un consentement individuel qui légitime ce contrat, c'est bien son contenu positif, à travers la reconnaissance de principes fondateurs dont des droits fondamentaux. Ainsi, l'idée d'un contrat social n'existe pas en vertu d'un consentement mais par son intention qui le précède et le légitime[42].

Cette illusion d'un consentement nécessairement flou et collectif peut se fissurer au profit d'une individualité concrète. Le recul général d'un univers social holiste[43], dans lequel la communauté est supérieure aux individus, peut mettre à mal la légitimité du cadre protecteur de l'État et des principes constitutionnels emblématiques du contrat social (intérêt général, ordre public, indisponibilité du corps

[39] Manifeste Dada de 1918 de Tristan Tzara : « Nous avons assez des académies cubistes et futuristes : laboratoires d'idées formelles. Fait-on l'art pour gagner de l'argent et caresser les gentils bourgeois ? Les rimes sonnent l'assonance des monnaies et l'inflexion glisse le long de la ligne du ventre de profil. »
[40] *En attendant Godot* de Samuel Beckett, écrite en 1948, en est un illustre exemple.
[41] ANDERSON Benedict, *L'Imaginaire national*, Paris, La Découverte, 1996 [1983], p. 19.
[42] RAWLS John, *Théorie de la Justice*, Paris, Le seuil, 1989.
[43] RAVAUX Léo, *Individualisme et holisme juridiques*, LGDJ, pp. 11-82, 2016.

humain). La fiction est contestée parce qu'elle ne suscite plus l'adhésion via une croyance collective en sa légitimité[44].

Apparaître comme autonome, objectif et neutre nourrit la légitimité du droit. La neutralité est un style[45] qui dissimule la dimension esthétique et performative subjectives, capables de produire une illusion de légitimité. La subjectivité du droit contraste avec un normativisme qui réfute toute influence idéologique et soutient, dans un premier temps, l'autonomie de la discipline juridique. Pourtant, à partir des années 80, la normativité est mobilisée comme une conception multidisciplinaire[46]. Cette perspective comparée permet de percevoir la normativité juridique comme une normativité parmi d'autres. Processus social, les normativités sont nécessairement situées, subjectives et s'inscrivent potentiellement en compétition avec d'autres types culturels de normativité. Le choix de se présenter en tant qu'objet neutre met le droit en danger de remise en question, contrairement à des prescriptions à visée normative d'ordre moral ou, spécifiquement, religieux, assumant reposer sur la croyance ou des valeurs abstraites.

Le terme général de normativité peut englober des problématiques diverses, animant des systèmes de « valeur », « obligation morale », « rationalité », « justification », désignant même « le Bien »[47], associant diverses apparences comme appui à un objectif de normativité. Le droit s'impose à d'autres récits normatifs concurrents en apparaissant transcendant.

En suivant la dynamique amorcée dans les régimes à vocation libérale, où la fiction juridique servait de tremplin vers une réalité normative, il convient désormais d'observer un glissement illibéral. L'apparence n'était pas seulement vecteur de transformation ou de cohésion, elle peut devenir un substitut de la substance.

---

44 BOURDIEU Pierre, *Langage et pouvoir symbolique*, Éditions du Seuil, 2001.
45 SCHLAG Pierre, « The Aesthetics of American Law », *Harvard Law Review*, n° 4, 2002, p. 1040 : « *Neutrality is a style. And like all styles, it conceals more than it reveals.* »
46 FINLAY Stephen, « Recent Work on Normativity », *Analysis*, vol. 70, n°2, 2010, p. 331.
47 *Ibid*, p. 233.

II. La mise en scène illibérale de l'apparence de normativité

Que reste-t-il de la normativité lorsque l'apparence ne vise plus à exprimer un idéal mais à travestir sa disparition ?

La normativité peut se résumer à une façade, particulièrement dans un simulacre de démocratie (A), le critère de l'apparence peut également être ambivalent par le changement de force persuasive de l'esthétique démocratique (B).

A. Une apparence de normativité sans substance

Le droit constitutionnel peut se voir vidé de sa substance, que ce soit dans les monarchies constitutionnelles ou dans les démocraties illibérales modernes. Il devient à la fois preuve de compétence (par la capacité de convaincre) et danger de décrédibilisation de la normativité par son simulacre.

Karl Loewenstein[48] distingue les constitutions normatives, qui possèdent une force contraignante, des constitutions nominales (qui n'en ont que le nom et demeurent, outre cela, lettre morte et ignorées). Rentre selon lui dans cette catégorie la symbolique Constitution du 6 messidor an I (1793).

Une Constitution peut être également hybride, partiellement normative. La Constitution de la République soviétique fédérative et socialiste de Russie de 1936, adoptée avec une large participation citoyenne, permet de réguler la pratique du pouvoir sans le séparer. Ne seront toutefois pas appliqués « l'inviolabilité du domicile des citoyens » et le « secret de la correspondance »[49] dans un contexte de surveillance totalitaire pendant l'époque stalinienne[50]. Max Weber

[48] LOEWENSTEIN Karl, *Political power and the governmental process*, Chicago, The University of Chicago Press, 1957.

[49] Constitution de la RSFSR du 5 décembre 1936, art. 128.

[50] DULLIN Sabine, « 5. 1930. Le séisme stalinien : détruire et rebâtir pour gagner ». *L'ironie du destin*, Payot, 2021, p. 187.

théorise également le *Scheinkonstitutionalismus*[51], à l'image du pseudo-constitutionnalisme de Nicolas II permettant de préserver le pouvoir autocratique des rébellions parlementaires.

Le constitutionnalisme fictif s'implante durablement dans certains États[52], notamment ceux d'Europe de l'Est incluant la Russie. Le développement du constitutionnalisme dans les démocraties désormais illibérales s'est opéré via une « modernisation autoritaire »[53], employant la force pour imposer la démocratie. Le droit paraît ainsi insuffisant à imposer la démocratie, favorisant l'installation de régimes hybrides transitoires n'achevant jamais la transition démocratique souhaitée. Kim Lane Sheppele propose, pour décrire ces régimes, le terme de *Frankestate*[54] : un État composite, cousu de pièces disparates empruntées à la démocratie constitutionnelle, mis au service de logiques autoritaires. Le pouvoir autoritaire antérieur à la tentative de transition démocratique n'a pas permis le développement de compétition politique, ne laissant possible que la cooptation.

Pour légitimer le pouvoir, l'apparence de normativité conforme aux standards occidentaux est un levier puissant. Augustin Berthin relève notamment l'unicité du modèle visé par les avis de la Commission de Venise, notamment en 2004 à propos d'une révision constitutionnelle arménienne : « pour aboutir à un texte véritablement démocratique, les amendements constitutionnels doivent avant tout tenir compte des commentaires formulés par la Commission et le Conseil de l'Europe »[55]. L'étalon est donc de correspondre aux avis, sans mention de la normativité des amendements constitutionnels.

Maîtriser les codes de la démocratie n'implique toutefois pas un attachement culturel à pratiquer la démocratie. La nécessité d'apparaître comme un despote éclairé, par l'intermédiaire d'un droit

---

[51] WEBER Max, *Russlands Übergang zum Schein-konstitutionalismus* dans *Gesammelte Politische Schriften*, 2nd ed., Mohr Siebeck, 1958, pp. 74–89.

[52] HOCHMANN Thomas, « Cinquante nuances de démocratures », *Pouvoirs*, vol. 169, n°2, 2019, p. 20.

[53] LEVADA Youri, « D'Eltsine à Poutine. Les élections présidentielles en Russie de 1991-2004 », *Pouvoirs*, vol. 112, n°1, 2005, p. 141.

[54] SCHEPPELE Kim Lane, « The Rule of Law and the Frankenstate ». *Governance*, vol. 26, n° 4, 2013, p. 559-62.

[55] Deuxième avis intérimaire sur la réforme constitutionnelle en République d'Arménie, 13 juin 2005, CDL-AD(2005)016, §31.

pas *seulement* ornemental, oblige sans pour autant ligoter. Il suffit, selon Edward Thompson[56], de projeter l'image de la justice, y compris, *occasionnellement*, en étant juste.

B. La concurrence des apparences

Si une autre apparence peut devenir plus convaincante que la démocratie, cette dernière perd la force de ses fictions juridiques et sa force mobilisatrice. L'apparence démocratique se retrouve concurrencée par des récits alternatifs qui peuvent être plus émotionnellement puissants ou cohérents. Aux États-Unis, l'intervention d'Elon Musk et du *Department of Government Efficiency*[57] (*DOGE*) dans la rationalisation des dépenses du gouvernement contribue à décrédibiliser les institutions démocratiques, targuées d'être inefficaces et archaïques. Attribuer le nom d'une cryptomonnaie (*Dogecoin*) à une agence créée par décret présidentiel valorise, de surcroît, une esthétique populiste et technocrate[58].

La prétention à la normativité peut protéger le pouvoir autoritaire sous l'apparence d'une opaque expertise bureaucratique, procédurale, administrative[59]. Conjugué à la stimulation d'une conviction populiste, plus incandescente que celle démocratique car se revendiquant de l'expression populaire et non de lointains idéaux, le régime illibéral permet d'inverser les rapports de force en se protégeant derrière une apparence de légitimité plus sincère, décrédibilisant efficacement l'opposition.

En demi-teinte, la conviction populiste semble offrir un choix : changer de pièce de théâtre, faire preuve d'agentivité donc de pouvoir de décision, briser le quatrième mur.

---

[56] THOMPSON Edward Palmer, *Whigs and Hunters*, Phanteon Books, 1975, p. 263.

[57] ALEXANDRE Olivier et *al.*, « Elon Musk et la tech veulent réduire la sphère publique au profit du privé », *Alternatives Économiques*, 2025/2 n° 455, 2025. p.72-75.

[58] LARSON Magali Sarfatti, « Notes on Technocracy : Some Problems Of Theory, Ideology And Power », *Berkeley Journal of Sociology*, vol. 17, 1972, p. 1-34.

[59] FERLAZZO Edoardo, « La bureaucratie : hydre de l'État ? », *Action publique*, n° 15, 2022, p. 16.

Parallèlement, la démocratie illibérale ou le constitutionnalisme proprement autoritaire, en dénonçant les fictions démocratiques, décrédibilisent la démocratie en montrant son aisée instrumentalisation. En montrant que la démocratie peut être mimée, certains régimes permettent d'en nier la sincérité.

Montrer que le droit repose sur des formes et des croyances n'en permet pas seulement la critique mais semble autoriser également sa mise en scène cynique. Ainsi, comme l'a observé Kathryn Hendley à propos de la Russie, une part croissante de la population en vient à associer le terme même de « démocratie » à la malhonnêteté[60], tant sa captation par le pouvoir en a vidé le sens. La performativité constitutionnelle se retourne alors contre ses promoteurs.

Un attachement aux instruments constitutionnels permet également d'instrumentaliser l'État de droit tout en menaçant sa substance démocratique. Ce détournement des mécanismes juridiques se manifeste, par exemple, chez Jair Bolsonaro, qui a multiplié les décrets présidentiels pour contourner le Congrès brésilien[61], ou chez Donald Trump[62], dont les nominations stratégiques à la Cour suprême ont profondément modifié l'équilibre idéologique de l'institution. En Russie, la révision constitutionnelle de 2020[63] a quant à elle permis à Vladimir Poutine de prolonger son maintien au pouvoir jusqu'en 2036.

En dénonçant les conditions limitatives garantissant la démocratie (État de droit, principes fondamentaux qui supposent une interprétation libérale, etc.) et les soumettant au jeu concurrentiel entre partis politiques, les instruments constitutionnels sont employés à détruire les présupposés de la démocratie libérale autrefois rendus intouchables. Le droit peut alors être mobilisé pour renforcer la verticale exécutive, faire

---

[60] HENDLEY Kathryn, « 'Telephone Law' and the 'Rule of Law': The Russian Case », *Hague Journal on the Rule of Law*, 2009/09/28 éd., vol. 1, nº 2, 2009, p. 241-62.

[61] Le Monde avec AFP, « Au Brésil, le président Bolsonaro prend un décret pour limiter la modération des réseaux sociaux » [en ligne], *Le Monde*, 7 sept. 2021, [consulté le 2 mai 2025].

[62] DEYSINE Anne, « Point de vue. La justice instrumentalisée par la droite radicale », *Politique américaine*, 2024/1, n° 42, 2024, p. 235-248.

[63] Loi fédérale constitutionnelle de la Fédération de Russie n° 1-ФКЗ du 14 mars 2020, entrée en vigueur le 1 juillet 2020.

perdurer une présidence[64], limiter la presse, organiser des référendums à finalité plébiscitaire…

Une opposition émerge entre la dimension collective ancestrale du contrat social et le consentement individuel à un nouvel ordre mondial promis par les tendances populistes illibérales, qui fragilisent les démocraties justement sous couvert de volonté populaire[65]. L'engouement populiste est plus tangible qu'une affirmation paternaliste de la supériorité des valeurs démocratiques et l'irrationalité des individus qui s'y opposent. En outre, dans un contexte de nouveaux conflits internationaux centrés autour du « choc des civilisations »[66], l'apparence de la démocratie libérale occidentale est une ingérence ennemie irritante, hautaine, tandis que le populisme[67] peut être la revendication d'une fierté nationaliste.

De la même manière que le texte constitutionnel peut mobiliser une fiction fondatrice, prétendant être rédigé personnellement par « *We, the people of the United States* », les leaders populistes peuvent mobiliser une intime connivence avec le peuple. Si l'exagération est creuse, les mots n'en demeurent pas moins hypnotiques. Le mimétisme de l'apparence démocratique introduit une confusion entre engagement démocratique et captation populiste.

Conclusion

L'apparence constitue une composante essentielle de la normativité d'un droit constitutionnel à vocation démocratique. Elle conditionne l'efficacité des normes en suscitant l'adhésion, en activant la conviction

---

[64] BAUDOIN Marie-Elisabeth, « La révision de la Constitution russe de 2020 ou comment préparer l'avenir en consolidant l'existant » [en ligne], *Le Club des juristes*, 3 juillet 2020, [consulté le 6 juin 2021].

[65] FAREED Zakaria, « The Rise of Illiberal Democracy », *Foreign Affairs*, vol. 76, n° 6, 1997, p. 22.

[66] HUNTINGTON Samuel P, « The Clash of Civilizations? », *Foreign Affairs*, vol. 72, n° 3, 1993, p. 22-49.

[67] HALLIDAY Fred, « The Empires Strike Back? Russia, Iran and the New Republics », *The World Today*, vol. 51, n° 11, 1995, p. 220-22.

démocratique, en rendant crédible la contrainte. Mais en tant que critère fondamentalement ambivalent, malléable et subjectif, elle devient aussi un vecteur de manipulation : un régime autoritaire, en maîtrisant l'esthétique démocratique du droit, peut parasiter la légitimité démocratique tout en consolidant sa propre puissance normative. Reprendre les apparences du pouvoir démocratique sans ses mécanismes d'autolimitation donne aux régimes illibéraux une marge de manœuvre plus étendue que la franche dictature.

La démocratie libérale, dès lors que ses apparences cessent de convaincre, se fragilise. La concurrence du souverainisme ou de la technocratie empiète sur la stabilité de l'ordre juridique que le droit constitutionnel domine. Autant les dirigeants que le peuple perdent la conviction démocratique et le voile du contrat social se lève.

Faut-il, dans ce cadre, renoncer aux formes démocratiques revendiquant un droit pur et des principes universellement partagés ? La crise de confiance au droit est-elle un symptôme d'entrée dans un monde post-légal, éventuellement même post-démocratique ?

Il nous semble que ce constat n'implique pas le rejet des formes juridiques. Il invite à une vigilance critique, non contre l'utilisation libérale du droit, mais contre sa récupération illibérale. Il ne suffit plus de maintenir les décors intacts : encore faut-il croire à la pièce. Sans conviction, la démocratie tourne à vide — un théâtre vide de sens.

Ces observations supposent aussi un examen réaliste de la substance derrière les apparences démocratiques, permettant de distinguer des fictions vectrices de libéralisation avec celles masquant l'autoritarisme. Il semble possible que, cela fait, le droit puisse continuer à essayer de nous rendre libres et égaux.

NORMATIVITE DE L'APPARENCE

L'apparence objet de droit public

L'INSTITUTIONNALISATION DE L'ESPACE PUBLIC : ENTRE REPRESENTATION ET MEDIATION

Lune BOUSSELMANIA

Doctorante en droit public à l'Université Paris-Panthéon-Assas

Résumé

Cet article s'interroge sur la manière dont l'espace public s'est institutionnalisé au sein de l'État moderne à travers le prisme de la représentation politique. À partir d'une mobilisation de la distinction théorique issue de la langue allemande entre différents sens du terme « représentation », il s'agit de mettre en lumière une tension fondatrice celle entre la fonction de médiation des institutions représentatives et leur prétention à incarner une unité politique — installée au cœur de la démocratie représentative dès ses prémisses révolutionnaires.

Selon Habermas, l'espace public peut être désigné comme un lieu dans la société, matériel ou non, où se rencontrent les opinions politiques des citoyens. Il peut être compris comme un concept normatif de philosophie politique. Les individus privés, regroupés en tant que public, devraient y exercer une raison formalisée par la communication et la pratique délibérative. L'espace public serait ainsi le lieu où se forment et se manifestent, idéalement par le biais d'un débat public, une ou des opinions publiques.

Dans l'ouvrage issu de sa thèse d'habilitation, *L'Espace public : archéologie de la publicité comme dimension constitutive de la société bourgeoise*[1], Habermas conduit une étude sur l'évolution de cet espace public dont il identifie la naissance dans la sphère bourgeoise du XVIIème siècle[2].

---

[1] HABERMAS Jürgen, *L'espace public : archéologie de la publicité comme dimension constitutive de la société bourgeoise*, Payot, 1988.

[2] *Ibid.* p. 34 : « Au sein de cette classe sociale, la première à être concernée par la politique mercantiliste dont elle est *également* le présupposé, le pouvoir a provoqué une prise de conscience qui révèle au public, à ce vis-à-vis abstrait de l'État, sa nature d'adversaire social et sa place spécifique dans le cadre de la *sphère publique bourgeoise* naissante. Cette sphère se développe en effet dans la mesure où l'intérêt d'ordre public porté à la sphère privée qu'est la société bourgeoise n'est plus défendu

Habermas fonde le concept d'espace public (*Öffentlichkeit*) à partir du concept de publicité (*Publizität)*, qu'il distingue ainsi du premier. La publicité constitue l'un des critères de définition de l'espace public, tout en le précédant et en obéissant à une logique propre. Cette exigence normative est liée traditionnellement – au moins depuis 1789 – à l'action de l'État. Elle s'applique aussi au concept d'espace public, dans un sens toutefois différent : là où l'État est défini par son action, le pouvoir « public », l'espace public est défini par son sujet, le public. C'est précisément parce que Habermas repère la publicité comme un critère déterminant de l'espace public, qu'il est en mesure de repérer, avant l'apparition de celui-ci, la formation d'une première « sphère publique ». Il y consacre le premier chapitre de son ouvrage de 1988 : « Le modèle d'une sphère publique structurée par la représentation »[3].

Cette première sphère publique, ancêtre de l'espace public, est informée par le pouvoir d'Ancien Régime. Habermas parle de « représentation du pouvoir » comme principe de structuration de la sphère publique. Selon lui, les *apparences* que revêtent les manifestations du pouvoir (comme le « sceau du prince »[4]) définissent et constituent par eux-mêmes le principe de publicité. Le « public » se constitue par la représentation du pouvoir : les objets sur lesquels celui-ci se manifeste sont alors imprégnés d'une apparence de « publicité ». Le peuple à qui, finalement, on ne fait que présenter le pouvoir public, ne dispose, lui, d'aucune prise sur cette publicité, il n'évolue que dans un domaine privé. Hobbes illustre cette logique dans le *Léviathan* : les sujets se définissent, y compris juridiquement, à l'abri du public et de ses expressions politiques[5].

---

par le seul pouvoir, mais est pris en compte par les sujets qui y voient leur affaire propre. »

[3] *Ibid.,* p. 17 à 37.

[4] *Ibid.,* p. 19 et p. 20 : « Le déploiement de la sphère publique structurée par la représentation est lié aux attributs de la personne : à des insignes (écussons, armes), à une allure (vêtements, coiffure), à une attitude (manière de saluer, comportements), à une rhétorique (style du discours, formules en général [...]), en un mot, à un code strict de comportement "noble" ».

[5] HOBBES Thomas, *Léviathan: traité de la matière, de la forme et du pouvoir de la république ecclésiastique et civile*, Dalloz, 1999, II, XXI, p. 224 : « La liberté des sujets ne réside par conséquent que dans les choses qu'en réglementant leurs actions le souverain a passées sous silence, par exemple la liberté d'acheter, de vendre, et de

Or, l'affaiblissement du modèle féodal en tant que structure socialement déterminante de l'Ancien régime donne naissance de nouvelles formes de manifestation publique. Petit à petit, en dehors, ou même plutôt entre les lois et leurs silences, il se forme une nouvelle forme de publicité, alternative au pouvoir, que Habermas identifie au sein de la « sphère publique bourgeoise ». Cette sphère bourgeoise trouve d'abord ses racines dans le « privé », notamment celui de la production, des échanges et de la division du travail. C'est précisément ce terrain qui rend possible sa politisation : en investissant la sphère privée des échanges, le pouvoir royal publicise ses acteurs, et le bourgeois, se rendant visible comme « adversaire social », se place sur le terrain même de ce à quoi il s'oppose. Comme l'écrit Habermas, cette sphère « se développe dans la mesure où l'intérêt d'ordre public porté à la sphère privée qu'est la société bourgeoise n'est plus défendu par le seul pouvoir, mais est pris en compte par les sujets qui y voient leur affaire propre »[6].

La contestation du pouvoir absolutiste se fait donc sur le terrain du pouvoir lui-même. C'est ainsi que deux modes de représentation se trouvent en tension sur un même terrain : une représentation descendante, incarnation du pouvoir monarchique, et une représentation ascendante, portée par la société civile bourgeoise.

Cette évolution du public bourgeois trouve sa consécration politique lors du moment révolutionnaire de 1789. Il acquiert une dimension démocratique et s'institutionnalise au sein de l'État à travers les assemblées parlementaires. Le moment décisif de cette transformation est marqué par la proclamation du Tiers-État en Assemblée nationale, acte fondateur d'un espace public législatif désormais reconnu comme organe de représentation politique. L'institutionnalisation de l'espace public dans les assemblées dites représentatives cristallise alors le paradoxe de la représentation. En effet, celle-ci est investie d'une double mission qui semble porter une contradiction inhérente : elle doit, d'une part permettre la médiation de la volonté du peuple, et, d'autre

---

conclure d'autres contrats les uns avec les autres ; de choisir leur résidence, leur genre de nourriture, leur métier, d'éduquer leurs enfants comme ils le jugent convenable, et ainsi de suite. »

[6] HABERMAS Jürgen, *L'espace public, op. cit.*, p. 25

part, se faire incarnation de la nation souveraine. Or, du sens de la représentation, il dépend l'identité de l'acteur au principe de la structuration de l'espace public. En somme, en interrogeant le rôle passif ou actif de l'espace public quant à sa propre constitution et son rôle dans l'État, c'est la question de l'État en tant que chose publique qui se pose.

En partant d'une distinction sémantique reformulée par Carl Schmitt, nous verrons que la représentation peut être comprise en (au moins) deux sens différents, le mandat et l'incarnation (I). Le projet révolutionnaire relatif à la représentation, largement inspiré par le discours de Sieyès, tend à concilier ces deux sens. Pour autant, la distinction – si ce n'est la contradiction – théorique entre les deux sens du concept de « représentation » soulève des questions pratiques (II). L'ambiguïté des fonctions représentationnelles interroge alors la validité du compromis révolutionnaire (III).

I. Typologie et articulation des représentations à partir de la distinction schmittienne de la représentation

La langue allemande use de plusieurs termes pour désigner ce qui est subsumé en français sous le concept de représentation[7]. Dans la doctrine française, cette diversité sémantique prend la forme d'une distinction théorique parfois assimilée à un sens ancien et moderne. Largement inspirée par Carl Schmitt, cette distinction est exposée au chapitre 16 « État de droit bourgeois et forme politique » de sa *Théorie de la Constitution* [8].

---

[7] LALANDE André, *Vocabulaire technique et critique de la philosophie*, Société française de philosophie (préf.), Nouvelle éd., Presses universitaires de France, 2010. p. 920 : « A. *Vertretung, Vorstellung, Repräsentation* ; B. *Vertretung* ; C. D. *Vorstellung* »

[8] SCHMITT Carl, *Théorie de la Constitution*, Nouvelle éd., Presses universitaires de France, 2013.

D'une part, la *Stellvertretung* désigne la représentation-mandat. Celle-ci désigne un rapport juridique entre un représenté qui donne une procuration, un mandat, au représentant et un représentant qui dispose dudit mandat. Le représentant est habilité à agir pour le représenté, il est alors en mesure de faire *remonter* les intérêts publics comme privés sur la scène publique.

D'autre part, la *Repräsentation*, peut être comprise comme une représentation-incarnation. Il n'y est plus nécessairement question du rapport juridique entre représentants et représentés, mais plutôt de l'*effet* représentatif, transcendant, qu'incarne celui que l'on *perçoit idéalement* comme représentant. Cette perception implique une certaine conviction de la part de celui devant qui s'incarne le représentant. Comme le montre Oliver Beaud, la « *Repräsentation* » telle que comprise par Schmitt est une sorte de composé – voire de confusion – entre la représentation au sens ecclésiastique et celle au sens hobbesien[9]. Il n'y a pas de lien juridique (nécessaire) entre représenté et représentant mais plutôt l'idée que le souverain représente le peuple qui l'*autorise*, et, dans une certaine mesure, l'*accepte*, en tant que représentant d'une *unité* politique. Cette représentation-incarnation donne corps à une idée, quelque chose de revêtu d'une certaine apparence, d'une certaine majesté : Dieu, le monarque ou bien encore le peuple en tant qu'*unité* politique. Cette représentation ne peut alors s'appliquer à l'idée d'un simple mandat – rapport de droit privé – mais seulement à un objet à même d'être publicisé.

> « [La *Repräsentation*] n'est pas possible avec n'importe quel genre d'être, et cela présuppose un certain genre d'être. Quelque chose de mort, de sans valeur ou de moindre valeur, de vil, ne peut pas être représenté. Il lui manque ce genre supérieur d'être qui est

---

[9] BEAUD Olivier, « “ *Repräsentation* ” et “ *Stellvertretung* ” : sur une distinction de Carl Schmitt », *DROITS Revue française de théorie juridique*, n°6, octobre 1987, P.19 : « sa notion de *Repräsentation* ne paraît guère homogène. Elle ne l'est ni dans ses sources – puisqu'elle emprunte à la fois à la théorie canoniste de l'Eglise- “corps mystiques du Christ” et au *Léviathan* de Hobbes –, ni dans ses effets. Peut-on réellement prendre que la “représentation” du Christ par l'Eglise et celle du peuple par l'État sont équivalentes ? La première symbolise, rend visible la permanence d'un Être déjà parfait, le Christ, tandis que l'autre confère l'existence) un être imparfait, la “multitude confuse” de Hobbes. »

susceptible d'être élevé à l'être public, d'avoir une *existence* (*Existenz*). »[10].

Néanmoins, il convient de préciser ici que la représentation-mandat (*Stellvertretung*) n'exclut pas nécessairement la représentation idéelle (*Repräsentation)*. En effet, la *Vertretung* peut produire de la *Repräsentation* [11].

C'est précisément le projet des révolutionnaires français. En adoptant une méthode élective tout en prohibant le mandat impératif[12], la Constitution de 1791 vise à assoir la souveraineté de la *nation* face à celle du *peuple*. La doctrine constitutionnelle classique, à la suite de Carré de Malberg, a en effet théorisé l'incompatibilité de ces deux formes de souveraineté[13] : la « souveraineté du peuple » désigne une souveraineté atomisée, relative à chaque sujet qui exercerait la souveraineté au regard d'un principe d'identité – du peuple à lui-même –, soit la souveraineté telle qu'elle s'exprimerait dans la démocratie directe. La « souveraineté de la nation », en revanche, reposerait sur l'*idée abstraite* de l'unité nationale, ce que Schmitt nomme « le principe spirituel de l'existence politique »[14].

Or, il apparaît ici un problème dans la théorie schmittienne de la représentation. En effet, si la *Repräsentation*, pour se manifester, doit être supportée par un « certain genre d'être » comme l'unité politique du peuple, mais que cette même unité politique n'existe pas sans représentation, laquelle supporte l'autre ? L'unité est-elle principe ou finalité de la représentation ?

---

[10] SCHMITT Carl, *Théorie de la Constitution*, *op. cit*, p. 347.

[11] *Ibid.* p. 343 : « Tout député est considéré comme "représentant-mandataire" (*Vertreter*) du ["]peuple entier", c'est-à-dire justement comme représentant (*Repräsentant*). »

[12] V. articles 6 et 7 de la Constitution de 1791.

[13] V. BRUNET Pierre, *Vouloir pour la nation : le concept de représentation dans la théorie de l'état*, L.G.D.J., Bruylant, 2004, p. 30 et s. : La théorie de l'incompatibilité.

[14] SCHMITT Carl, *Théorie de la Constitution, op. cit.* p. 349.

Cette aporie se révèle d'autant plus nette lorsqu'on la mesure à l'aune de Hobbes, dont Schmitt tire pour partie sa base conceptuelle[15]. Dans le modèle hobbesien, l'unité du peuple est précisément *tirée* de la représentation qu'exerce le souverain — c'est bien lui qui produit l'unité à partir de la multitude :

> « Une multitude d'hommes devient une seule personne quand ces hommes sont représentés par un seul homme ou une seule personne [...]. Car c'est l'unité de celui qui représente, non l'unité du représenté, qui rend une la personne. »[16]

Là où chez Hobbes l'État, ou du moins le souverain, se sépare déjà de la société, l'on voit poindre chez Schmitt, dès ses premières distinctions, une théorie de l'État total[17]. On devine, derrière la théorie schmittienne de la représentation, sa critique du parlementarisme[18] tout comme sa conception de l'unité politique du peuple, qui, déjà en 1928, prépare les bases d'une théorie mise peu après au service du régime national-socialiste allemand[19]. Au-delà des limites de la théorie

---

[15] SCHMITT Carl, *Le Léviathan dans la doctrine de l'État de Thomas Hobbes : sens et échec d'un symbole politique*, Éditions du Seuil, 2002.

[16] HOBBES Thomas, *Léviathan, op. cit.* II, XVI, p. 166.

[17] LEFORT Claude, « La question de la démocratie », *Essais ... op. cit.* p. 23. : « La théorie – ou sinon la théorie, l'esprit du mouvement, comme dans le nazisme, – encore qu'elle fasse feu de tout bois, suivant les circonstances, se tient en deçà de tout démenti de l'expérience. L'État et la société civile sont censés se confondre ; entreprise qui s'effectue par le truchement du Parti, omniprésent, qui diffuse partout l'idéologie dominante et les consignes du pouvoir au gré des circonstances, et par la formation de multiples micro corps (organisations en tous genres dans lesquelles se reproduisent la socialisation artificielle et les rapports de pouvoir conformes au modèle général). Une logique de l'identification est mise en œuvre, commandé par la représentation d'un pouvoir incarnateur. Le prolétariat ne fait qu'un avec le peuple, le Parti avec le prolétariat, le bureau politique et l'*egocrate*, enfin, avec le parti. Tandis que s'épanouit la représentation d'une société homogène et transparente à elle-même, celle d'un peuple-un, la division sociale, dans ses modes, est niée, en même temps que sont récusés tous les signes d'une différence de croyance, d'opinions, de mœurs. ».

[18] KERVÉGAN Jean-François, « Carl Schmitt et la crise de la représentation », *Crise et pensée de la crise en droit : Weimar, sa république et ses juristes*, Lyon, ENS Éditions, 2002, p. 149-168.

[19] TROPER Michel, « Schmitt, Théorie de la Constitution », *In.* : *Revue internationale de droit comparé.* vol. 46, N°1, Janvier-mars 1994. P. 312 à 315.

schmittienne, il apparaît que le modèle de la *Repräsentation*, tel qu'il structure le public, demeure constamment soumis à l'exigence d'un objet unitaire.

Si l'on en revient à la possible conjonction pouvant s'opérer entre les deux concepts de représentation, le représenté-mandaté (*Vertretung*) doit, par l'incarnation des intérêts publics de l'unité, produire sur les représentés cette transcendance propre à la *Repräsentation*[20]. C'est là l'enjeu même de la représentation de 1789 et 1791 et cela reste, semble-t-il, l'ambition des démocraties modernes. Ce processus repose sur l'universalisation qu'opère la représentation politique à partir des intérêts privés.

Ainsi, dès lors que la représentation perd sa capacité à incarner l'intérêt public pour répondre à des exigences d'ordre privé, le représentant perd en même temps sa qualité de représentant des affaires publiques, il n'est plus qu'un « simple » mandaté[21]. C'est la raison pour laquelle Schmitt affirme que « la représentation n'est pas un processus normatif, une procédure, mais quelque chose d'*existentiel* »[22]. L'apparence prime sur la normativité.

---

[20] BEAUD Olivier, « "*Repräsentation*" et "*Stellvertretung*" : sur une distinction de Carl Schmitt », *op. cit.*, p. 13 : « le concept de *représentation* est sélectif ; la faculté d'être représenté est réservée à certaines sphères ou valeurs ; la *représentation* "présuppose qu'un mode supérieur d'Être se manifeste" (*VI.*, p. 210), ce qui suppose une dignité inhérente à ce qui doit être représenté. Schmitt associe donc la *représentation* à une hiérarchie de valeurs, en distinguant ce qui est représentable de ce qui ne l'est pas. »

[21] SCHMITT Carl, *Théorie de la Constitution, op. cit.*, p. 346 : « Un parlement ne garde un caractère représentatif que tant que l'on croit que sa véritable activité relève de la vie publique. Les sessions secrètes, les accords secrets et les délibérations secrètes de tel ou tel comité peuvent être importants et capitaux, mais jamais avoir un caractère représentatif. Dès que s'installe la conviction que ce qui se déroule publiquement (*öffentlich*) dans le cadre de l'activité parlementaire n'est qu'une formalité vide et que les décisions sont prises en dehors de cette vie publique, le parlement peut encore peut-être exercer bien des fonctions utiles, mais à proprement parler il n'est plus le représentant (*Repräsentant)* de l'unité politique du peuple ».

[22] *Ibid.* p. 347.

II. 1789 : quelle représentation pour la Nation ?

Dans *Qu'est-ce que le Tiers État,* Sieyès, inscrit sa conception de la représentation dans une perspective inspirée, bien que distincte, de celle de Rousseau. Sieyès soutient l'idée d'une représentation de la nation à partir du théoricien de la souveraineté du peuple.

Sieyès conçoit la représentation comme relative à une *nation* – soit, une unité –, à un « tout voulant et agissant » [23]. Congédiant les ordres privilégiés de la fonction de représentant, Sieyès hisse le Tiers-État – dont les « représentants » sont alors eux-mêmes convoqués sur ordre du monarque, et « dont les règles de convocation n'ont jamais eu de forme fixe » [24] – au rang de la volonté nationale :

> « Il suit qu'en France les représentants du Tiers sont les vrais dépositaires de la volonté nationale. Ils peuvent donc sans erreur parler au nom de la nation entière. »[25]

Dès lors, un lien étroit se confirme entre la représentation et sa fonction : la compétence législative. Représenter, c'est apparaître comme la volonté de l'unité. Le régime mixte de monarchie constitutionnelle mis en place par la Constitution de 1791 n'exclut d'ailleurs pas le roi de cette compétence à légiférer. En effet, malgré une procédure différente, il représente également la nation, précisément parce qu'il *veut* pour elle. Sont habilités à « parler au nom de la nation entière » : les représentants. Ceux qui veulent la loi sont ceux qui représentent la nation[26].

---

[23] SIEYÈS Emmanuel-Joseph, *Qu'est-ce que le Tiers-Etat ?,* Flammarion, 1988. p. 124.

[24] V. FURET François, « La monarchie et le règlement électoral de 1789 », *in* Baker Keith M. (dir.), *The French Revolution and the creation of modern political culture. 1 : The political culture of the Old Regime,* Oxford, Pergamon Press, 1991, p. 377.

[25] SIEYÈS Emmanuel-Joseph, *Qu'est-ce que le Tiers-Etat ?*, *op. cit.*, p. 161.

[26] TROPER Michel, « Souveraineté et Représentation », *in* Albertone Manuela et Castiglione Dario (dir.), *Les défis de la représentation : langages, pratiques et figuration du gouvernement*, Classiques Garnier, 2018, p. 84 : « On n'a pas le pouvoir d'exprimer la volonté générale parce qu'on est représentant, mais on est représentant quand on participe à l'expression de la volonté générale. »

Cependant, si l'idée de volonté nationale sieyessienne trouve ses racines chez Rousseau – théoricien de la souveraineté du peuple et non de la nation – cela révèle peut-être un autre nœud problématique. En effet, chez Rousseau, la volonté générale est au principe de la formation de la loi. Elle permet, par l'expression de l'intérêt commun et le dépassement des intérêts particuliers, l'émergence de la loi politique. Dès lors, il n'y a souveraineté que lorsqu'il y a volonté générale. Ainsi, lorsque Sieyès attache à la doctrine révolutionnaire la possibilité de *représenter* la volonté nationale, il use du concept rousseauiste de volonté générale mais le réinsère comme une *fin* à atteindre et non plus comme un *moyen*. Là où chez Rousseau, la volonté générale était un moyen d'expression de la souveraineté du peuple, elle est, chez Sieyès, l'horizon auquel prétend le représentant, alors représentant par cette prétention même.

Or, via le concept de représentation nationale tel qu'introduit par Sieyès, le concept de volonté générale est désormais détaché de la participation directe du peuple à la formation de la loi. Sieyès ne modifie pas la compétence mais la source de la volonté générale – là où Rousseau s'opposait précisément à l'idée d'une représentation de la volonté[27].

L'élection ne saurait donc être, dans ce premier cadre constitutionnel, l'unique procédure à même de produire la représentation. En effet, lorsque l'idée abstraite de la nation est en mesure d'être *incarnée*, le vote apparaît alors comme une procédure parmi d'autres de sélection des représentants. À cette procédure, peuvent dès lors être substituées l'hérédité ou encore le tirage au sort.

Ainsi, la conception de la représentation pensée par Sieyès tend à exclure toute idée d'identité du peuple à lui-même, de démocratie directe et de mandat impératif. Elle s'inscrit dans le sens d'une représentation idéelle. Cette représentation idéelle a pour fonction d'*incarner* la nation souveraine. On retrouve ici d'ailleurs, dans l'idée

[27] ROUSSEAU Jean-Jacques, *Du contrat social précédé de Discours sur l'économie politique et de Du contrat social, première version et suivi de Fragments politiques*, Gallimard, 1993, III, XV, p. 251 : « La souveraineté ne peut être représentée, par la même raison qu'elle ne peut être aliénée, elle consiste essentiellement dans la volonté générale, et la volonté ne se représente point : elle est la même, ou elle est autre ; il n'y a point de milieu. »

de nation, l'unité politique à même de faire l'objet d'une *Repräsentation* chez Schmitt :

> « L'idée de représentation repose sur le fait qu'un peuple existant comme *unité politique* possède un genre d'être plus haut et élevé, plus intense que l'existence (*Dasein*) naturelle d'un groupe humain vivant en commun d'une manière ou d'une autre. »[28]

III. Représentation et médiation : compromis ou contradiction

Dès lors, si la représentation est idéelle, ou, en d'autres termes, si la condition même de la représentation est d'être celle d'une idée abstraite, comment penser alors, au-delà de la représentation, la *représentativité* de la société ? Comment penser la médiatisation *des* opinions publiques, diversifiées et complexifiées, lorsque le représentant n'est pas un médiateur mais l'incarnation d'une unité ? Aussi, parce que l'État démocratique ne peut, en réalité, échapper à la représentation[29], faudrait-il, à l'instar de Böckenförde, voir dans la démocratie représentative un moyen de mise en forme de la volonté du peuple[30]? Ou devrions-nous plutôt poursuivre la contradiction théorique et y identifier, en suivant Michel Troper, une « crise en germe de la démocratie »[31] ?

Paradoxe ou compromis, force est de constater que les fondements de la représentation tels que conçus en 1789, peinent à remplir la fonction médiatrice qu'appelait la scission entre État et société

[28] SCHMITT Carl, *Théorie de la Constitution, op. cit.*, p. 347.

[29] *Ibid.*, p. 342 : « Dans la réalité de la vie politique, il n'y a pas d'Etat qui pourrait renoncer à tous les éléments structurels du principe d'identité, et pas d'avantage d'Etat qui pourrait renoncer à tous ceux de la représentation (*Repräsentation*) ».

[30] BÖCKENFÖRDE Ernst-Wolfgang et JOUANJAN Olivier, *Le droit, l'État et la constitution démocratique*, LGDJ Bruylant, 2000, V. « Démocratie et représentation : pour une critique du débat contemporain. ». L'auteur identifie notamment, dans la récurrence des élections, un système de « *feed back* » permettant l'expression renouvelée de la volonté générale.

[31] TROPER Michel, « Souveraineté et Représentation », *op. cit.*, p. 87.

provoquée par la Révolution française. Si l'on peut s'accorder avec Böckenförde sur la solution qu'apporte le système représentatif face à l'impossibilité pratique comme théorique d'un système démocratique fondé sur un principe d'identité[32] ; il n'en demeure pas moins qu'un tel système s'est structuré à partir de l'idée que la loi est l'expression d'une volonté générale unitaire qui ne s'exprimerait, ontologiquement que par la représentation à l'échelle nationale. Le niveau de formation de la loi semble s'être hissé, dès les premiers moments révolutionnaires, à une échelle presque inatteignable pour les prétentions critiques exprimées par l'Espace public de la société.

Peut-être pas si abstraite, toujours est-il que la symbolique d'une unique volonté reste rattachée, de même que la symbolique du mandat non-impératif, à l'idée d'une nation qui ne s'exprimerait que d'une seule et même voix. Or, comme le montre Nancy Fraser, le concept de sphère publique bourgeoise, est une délimitation qui peut être critiquée pour ses biais idéologiques, et ce, dès le XVIIème siècle.

> « Les recherches de Mary Ryan montrent que même en l'absence d'une intégration officielle dans la vie politique par le droit de vote, les femmes disposaient de toute une variété de moyens d'accès à la vie publique et d'un grand nombre d'arènes publiques. Ainsi, le point de vue selon lequel les femmes étaient exclues de la sphère publique s'avère idéologique ; il repose sur une notion de publicité faussée par les rapports de classes et de genre, notion qui accepte sans sourciller la prétention du public bourgeois à être *le* public. En réalité, l'historiographie de Mary Ryan et d'autres démontre que le public bourgeois n'a jamais été *le* public. Au contraire, presque à la même époque, on a assisté a l'apparition d'une multitude de contre-publics

---

[32] JOUANJAN Olivier, « Échapper au concept Hobbesien de "représentation" en démocratie ? », *Jus Politicum*, n°29.: « De la sorte une majorité référendaire, et même si le référendum est d'initiative citoyenne, *représente* institutionnellement et formellement tout le peuple. La décision de la majorité est adoptée au nom et pour le compte du peuple tout entier. La majorité est, ainsi, *autorisée*, sur la base d'un titre juridique contenu dans la constitution, à agir et prononcer les paroles de la communauté politique dans son ensemble. La seule majorité, unifiée par la procédure référendaire, est habilitée à vouloir pour nous tous. Elle *représente* donc l'ensemble de la communauté politique. Elle n'échappe donc pas au principe représentatif hobbesien, elle présuppose une *autorisation* juridique (constitutionnelle). »

concurrents, comprenant les publics nationalistes, les publics paysans populaires, les publics des femmes de l'elite et les publics de la classe ouvrière. Donc, dès le départ, il a existé des publics concurrents, et non pas uniquement à la fin du XIXème et au début du XXème siècle, comme le sous-entend Habermas. »[33]

Il ne s'agit dès lors, non pas d'une sphère publique, mais *des* sphères publiques, et celles-ci constituent l'Espace public dans son ensemble. Or, la diversité de ces sphères contrevient à la symbolique de l'unité qu'exige et que donne à montrer l'institution parlementaire.

Le constat de Fraser éclaire rétrospectivement la logique de la représentation idéelle et institutionnalisée : si la sphère bourgeoise a pu prétendre incarner le public *en général*, c'est précisément parce que les contre-publics concurrents n'ont pu apparaître en tant que public. L'unité que la représentation prétend incarner n'est donc pas une donnée préalable qu'elle refléterait – elle est le *résultat* d'une opération d'effacement, le résultat des apparences dominantes –. Ce faisant, l'institutionnalisation de la sphère publique bourgeoise reconduit la logique même de la sphère publique structurée par la représentation du pouvoir : une publicité définie non pas par son sujet mais par celui qui en détient les clefs.

Conclusion : un retour à la féodalisation de l'espace public ?

Lorsqu'il définit la « première » sphère publique structurée par la représentation, Habermas spécifie que, le mode de représentation du pouvoir différait du sens actuel de la représentation. Il écrit :

« Tant que le prince et les États « sont » le pays au lieu de simplement le représenter, ils peuvent être des représentants en un

[33] FRASER Nancy, « Repenser la sphère publique : une contribution à la critique de la démocratie telle qu'elle existe réellement », *in* Craig Calhoun (dir.), *Habermas and the Public Sphere*, MIT Press, 1992, p. 109-142. Reproduit dans *Hermès, La Revue*, 31, CNRS Éditions, 2001, n° 3, p. 125-156.

sens spécifique : ils représentent leur pouvoir non pas pour le peuple, mais « devant » le peuple. »[34].

L'idée sous-jacente serait celle d'un dépassement, au moment 1789, d'un système de représentation qui s'exerçait « devant le peuple » à celui qui s'exprime « pour le peuple ». Si le régime démocratique ne peut faire l'économie de la domination et la volonté du peuple celle d'une mise en forme, la solution trouvée dans le concept de « représentation nationale » permet-elle, pour autant, de dépasser l'ancien mode de représentation féodale, structurant le public par des effets de domination ? En d'autres termes, cette part de société – la sphère publique bourgeoise – qui s'est trouvée institutionnalisée comme organe de l'État en tant que représentant de la nation, participe-t-elle réellement à l'inversion du sens de la publicité ? Celle-ci passe-t-elle d'une représentation du haut vers le bas – du roi aux sujets – à une représentation du bas vers le haut – de l'espace public sociétal vers l'espace public institutionnel ? Ou, L'État et ses manifestations en tant qu'organe de domination public est-il encore – au moins dans une certaine mesure – le constituant de l'espace public ?

C'est *in fine* la question – semble-t-il non réglée – de la *représentativité* qui se pose. Que celle-ci soit comprise ou non dans le concept de représentation, qu'elle y participe ou qu'elle en découle, elle ne peut en tout état de cause, s'épuiser dans celui-ci. Derrière la représentation et ses apparences, se jouent à la fois l'identité de l'auteur de la norme et l'autonomie de son destinataire.

En ce sens, lorsque Habermas observe une « refèodalisation » de la société, celle-ci s'inscrit dans les circuits tracés dès la naissance même du régime représentatif. La publicité du politique, loin d'un simple espace de transparence, devient alors un lieu de luttes interprétatives sur le sens même pris par l'unité.

La *Repräsentation* révolutionnaire n'aurait alors pas véritablement renversé la logique féodale mais – tout en substituant au corps du roi, l'idée abstraite de nation – en conserverait l'essentiel : un principe d'unité qui précède et conditionne toute expression politique légitime. Le passage du « devant le peuple » au « pour le peuple » qu'identifie

[34] HABERMAS Jürgen, *L'espace public, op. cit.*, p. 19

Habermas masquerait ainsi une permanence : dans les deux cas, c'est l'institution représentative qui *constitue* le public, et non l'inverse.

Si la représentation institutionnalisée conserve, sous des habits républicains, la structure de la publicité monarchique, alors la démocratie représentative n'est pas seulement imparfaite : elle porte en elle le risque de sa propre inversion. Et, il ne faut pas s'y méprendre, laisser la voix du peuple s'épuiser dans l'idée de nation au moyen d'une représentation idéelle, c'est aussi ouvrir la voie au chef despotique.

NORMES ESTHETIQUES ET APPARENCES
Controverses dans l'espace public

Nilüfer GÖLE
Professeur émérite de sociologie au Cespra, EHESS, Paris

Résumé

Cet article explore les tensions entre apparence, normativité et régulation juridique dans l'espace public français, en s'appuyant sur une approche pluridisciplinaire croisant le droit, la sociologie et la philosophie politique. À partir de la notion d'apparition – entendue comme acte de visibilité et de revendication de coexistence – il examine comment certaines formes d'apparence des acteurs, notamment religieuses, deviennent objets de controverse et de régulation. Le cas du voile islamique constitue un fil conducteur pour analyser la régulation des apparences vestimentaires et l'évolution des législations relatives à la laïcité depuis 1989. Cet article met en lumière le rôle performatif de l'apparence dans la construction des identités, les enjeux de reconnaissance sociale et les mécanismes d'exclusion normative. Elle interroge les effets paradoxaux du droit, qui, en prétendant garantir la neutralité de l'espace public, peut produire des formes de survisibilité et renforcer les dynamiques de séparation qu'il entend combattre.

Introduction : l'espace public comme scène d'apparition

L'espace public constitue à la fois une scène d'apparition des acteurs, un lieu d'interactions sociales et un espace de régulation juridique. Dans cette arène, l'apparence joue un rôle crucial, car elle participe à la visibilisation des individus, à la mise en question des normes esthétiques dominantes et à l'émergence de tensions culturelles et politiques.

Lorsqu'une apparence génère un effet de visibilité disruptive dans la société, elle devient un objet de controverse. C'est notamment le cas des signes religieux vestimentaires des femmes musulmanes en France, particulièrement depuis l'affaire du foulard à l'école en 1989, dite « affaire de Creil ». Ce type de visibilité suscite alors un débat public, devient une source de conflit et appelle souvent une réponse juridique.[1]

Avec l'avènement de la modernité urbaine, la ville se constitue comme une véritable scène d'apparition, un espace où les individus se montrent, interagissent et s'inscrivent dans des dynamiques sociales complexes. Ce cadre permet d'analyser l'apparence comme un objet d'étude à la croisée de la sociologie, de la philosophie et des sciences politiques.

Georg Simmel, dans *La Philosophie de la modernité*[2], propose une lecture pionnière de la vie urbaine en tant que théâtre d'expériences esthétiques et sociales. Il consacre une attention particulière à la mode, qu'il considère comme un phénomène emblématique de la modernité. Pour Simmel, la mode naît de la tension entre le besoin d'individualisation et celui de conformité : elle est à la fois signe d'appartenance et affirmation de soi. Elle incarne une temporalité propre à la ville, marquée par l'éphémère, la nouveauté et la différenciation. Chez lui, la mode est également genrée : les femmes y occupent une place centrale, à la fois sujettes à l'esthétisation et actrices de la visibilité dans l'espace public.

Erving Goffman, dans *La mise en scène de la vie quotidienne*[3], théorise l'interaction sociale en s'appuyant sur une métaphore théâtrale. L'individu, selon lui, joue un rôle en public, mobilisant signes extérieurs et apparence physique comme éléments de communication stratégique. L'espace urbain devient ainsi une scène sur laquelle chacun construit une image de soi, gère ses impressions et ajuste son comportement à son auditoire. L'apparence est ici un vecteur essentiel de la performance sociale.

Pierre Bourdieu, dans *La distinction*[4], analyse l'apparence sous l'angle des rapports sociaux et de la reproduction des hiérarchies. Il montre que les goûts, les styles vestimentaires et les attitudes corporelles sont l'expression du capital culturel des individus.

---

[1] GÖLE Nilüfer, *Musulmans au quotidien. Une enquête européenne sur les controverses autour de l'islam*, La Découverte, 2015.

[2] SIMMEL Georg, *La Philosophie de la modernité*, Payot, 1988.

[3] GOFFMAN Erving, *La mise en scène de la vie quotidienne. 1. La présentation de soi*, Éditions de Minuit, 1973 (1ère éd. 1959).

[4] BOURDIEU Pierre (1979), *La distinction. Critique sociale du jugement*, Éditions de Minuit, 1979.

L'apparence est donc un marqueur de classe, un instrument de différenciation sociale. Elle révèle des habitus intériorisés, souvent inconscients, qui traduisent l'origine sociale et participent à la légitimation des inégalités.

Hannah Arendt, dans *La Condition de l'homme moderne*[5] , aborde l'espace public comme lieu d'apparition politique. Pour elle, le fait de se montrer aux autres, d'assumer sa singularité dans un monde commun, constitue le courage comme acte de citoyenneté et l'essence même de l'action politique. L'apparence n'est pas seulement une donnée esthétique ou sociale : elle est la condition de la participation à la vie publique. Être visible, prendre la parole, exister aux yeux d'autrui, c'est déjà agir politiquement.

Étienne Tassin, dans ses travaux sur l'espace public, *Le trésor perdu. Hannah Arendt, l'action et l'institution*[6] prolonge cette réflexion en soulignant l'« héroïsme ordinaire » de ceux qui osent apparaître, dans un contexte où la visibilité peut être une épreuve. Il insiste sur le courage des acteurs anonymes, souvent marginalisés, pour qui l'apparence devient une lutte pour la reconnaissance et une affirmation de leur droit à exister dans l'espace commun.

Dans la plupart des contextes sociaux, les individus défavorisés et porteurs de stigmates – qu'ils soient liés à l'origine, au genre, à la religion, à l'apparence physique ou au handicap – sont confrontés à une pression aux apparences normatives les incitant à masquer leur différence. Le stigmate fonctionne ici comme un marqueur de disqualification sociale, réduisant la personne à une identité dévalorisée, souvent perçue comme une présence non désirée par rapport aux normes dominantes. L'objectif implicite du système social est alors l'invisibilisation de la différence et la conformité à un modèle jugé acceptable.

Cependant, certains groupes sociaux ne s'y conforment pas. Ceux qui sont historiquement marginalisés développent particulièrement des stratégies de visibilisation et visent à renverser le stigmate. Plutôt que de le cacher ou de le nier, ils choisissent de le revendiquer

[5] ARENDT Hannah, *La condition de l'homme moderne*, Calmann-Lévy, 1983 (1ère éd. 1958).

[6] TASSIN Étienne, *Le trésor perdu. Hannah Arendt, l'action et l'institution*, Desclée de Brouwer, 2017.

publiquement, d'en faire un signe d'appartenance collective et un symbole d'affirmation identitaire.

Dans son ouvrage *Stigmate. Les usages sociaux des handicaps*[7], Erving Goffman identifie ce processus comme une stratégie de réappropriation. Le renversement du stigmate consiste à transformer un attribut socialement disqualifiant en emblème positif, porteur de sens et de dignité pour ceux qui en sont porteurs. Goffman souligne que cette dynamique implique souvent une subversion des codes culturels : les catégories dominantes sont retournées contre elles-mêmes, et l'ordre symbolique établi est remis en question. Ainsi, les groupes qui s'engagent dans ce processus ne cherchent pas uniquement à être tolérés ; ils reformulent la valeur même de leur différence. Cette démarche a une portée profondément politique : elle déstabilise les frontières du normal et du déviant, des normes majoritaires et minoritaires et contribue à reconfigurer l'espace public, en l'ouvrant à des identités auparavant marginalisées.

Les femmes musulmanes qui revendiquent le port du voile dans les sociétés occidentales peuvent également être comprises dans une logique de renversement du stigmate. Face à une lecture dominante qui associe le voile à l'oppression, certaines le portent comme signe de foi, d'affirmation de leur identité et la production d'un nouveau discours sur eux-mêmes, échappant ainsi à l'assignation sociale négative.

Il s'agit d'une stratégie d'*empowerment* pour les acteurs marginalisés, dans la mesure où elle s'attaque à la racine même de la stigmatisation : le pouvoir de nommer, d'étiqueter et d'inférioriser certains individus et groupes sociaux

En somme, l'espace public dans une ville moderne fonctionne comme une scène sociale de l'apparence, où se jouent des dynamiques complexes de visibilité, de contrôle, de distinction et de lutte pour la reconnaissance. Elle révèle les rapports de pouvoir autant qu'elle permet, dans certains cas, leur subversion.

La sociologie s'efforce d'éclairer le phénomène de l'apparence non comme une simple manifestation esthétique ou individuelle, mais comme un rapport social. Elle analyse l'apparence comme un fait social à part entière, comme un espace d'expression symbolique qui révèle les rapports sociaux de pouvoir, les mécanismes d'inégalités, les logiques

---

[7] GOFFMAN Erving, *Stigmate. Les usages sociaux des handicaps*, Edition de Minuit, 1975 (1ère éd. 1963).

de visibilisation et d'invisibilisation, ainsi que les tensions entre les normes sociales dominantes et les subjectivités plurielles des acteurs.

Dans cette perspective, la sociologie s'intéresse particulièrement à l'émergence d'acteurs qui contestent les normes établies, à la formation de conflits sociaux liés à la visibilisation de certaines identités, ainsi qu'à la déstabilisation du sens commun et des représentations collectives. Elle observe comment les transformations culturelles, les revendications identitaires ou les pratiques corporelles viennent bousculer les cadres normatifs institués, ouvrant ainsi des dynamiques de changement social.

À l'inverse, le droit public intervient comme gardien de la paix sociale. Il s'agit de réguler les comportements dans l'espace public, en veillant à la préservation de l'intérêt général, à la sécurité, à la paix sociale. Le droit se donne ainsi pour mission de fixer des limites à la liberté d'apparence, notamment lorsqu'elle est perçue comme une menace potentielle à l'ordre public ou à la neutralité de certains espaces. Par ses normes, il tend à stabiliser ce que la société peut tolérer comme formes de visibilité acceptables.

Dans ce contexte, un dialogue entre la sociologie et le droit public s'avère particulièrement fécond. Ces deux disciplines permettent de croiser des approches souvent opposées mais complémentaires : d'un côté, une compréhension des dynamiques sociales, des tensions identitaires et des processus de marginalisation ; de l'autre, une réflexion sur la manière de réguler ces dynamiques au nom de principes d'ordre et de cohésion collective.

Les sociétés modernes se caractérisent précisément par ce double dynamique : d'un côté, le besoin de stabilité et de régulation ; de l'autre, l'irruption constante de revendications nouvelles, portées par des acteurs en quête de reconnaissance. Dans ce cadre, la sociologie peut être définie comme l'étude des expérimentations sociales, des processus de contestation et de recomposition des normes, tandis que le droit public incarne une rationalité normative fondée sur la préservation de l'ordre et de l'équilibre collectif.

Ainsi, penser ensemble sociologie et droit public permet de mieux comprendre les conflits contemporains autour de l'apparence, non pas comme de simples controverses vestimentaires ou culturelles, mais comme des luttes symboliques fondamentales pour la définition des frontières d'inclusion et d'exclusion et de la légitimité normative dans l'espace public.

I. L'apparition publique des signes religieux : le cas du voile

La manière dont les individus se présentent dans l'espace public, et la façon dont ils y sont perçus, dépend largement de leur position sociale, de leur appartenance à une majorité ou à une minorité, ainsi que des tensions qui surgissent entre leur quête de reconnaissance et les normes dominantes. L'apparence devient alors un vecteur symbolique d'identification, mais aussi de différenciation et, parfois, d'exclusion.

La visibilité, dans ce cadre, est un rapport social. Qu'est-ce qui devient visible aux yeux de l'autre ? Un signe religieux devient visible parce qu'il vous est étranger et qu'il ne fait pas partie des pratiques habituelles de votre entourage. Au contraire, un signe qui vous est familier ne devient pas visible. En particulier dans un contexte d'immigration, la visibilité s'inscrit dans un rapport social d'interculturalité.

La visibilité ne résulte pas simplement du fait d'être vu, mais du croisement entre la subjectivité de celui qui se rend visible et la perception sociale. Le lieu de ce croisement est l'espace public. Cependant, cette rencontre est souvent problématique : l'intention des acteurs et le sens qu'ils attribuent à leurs actes d'apparition ne correspondent pas toujours à la perception dominante. Dans l'idéal démocratique, le débat public constitue un espace d'ajustement, de familiarisation avec autrui et de reconnaissance sociale de la différence. Néanmoins, ce même débat peut également renforcer les stéréotypes, reconduire les préjugés et participer à l'altérisation de figures perçues comme étrangères, voire menaçantes.

Lorsque les formes d'apparition publique transgressent les normes collectivement établies et que le débat public ne joue plus son rôle de reconnaissance sociale, la visibilité devient alors source de trouble : elle suscite le rejet, alimente des conflits normatifs et peut faire l'objet d'interdits juridiques. L'apparition des femmes musulmanes vêtues selon les règles de la modestie islamique illustre cette dynamique.

Cela commence avec « l'affaire du foulard » en France qui remonte à 1989, lorsque trois collégiennes sont exclues du collège Gabriel-Havez à Creil pour avoir refusé d'enlever leur foulard islamique en classe. La direction du collège leur demande de retirer leur voile, au nom du principe de neutralité de l'école publique. Les jeunes filles refusent, invoquant leur liberté religieuse. En conséquence, elles sont exclues de l'établissement.

Cette affaire marque la première controverse médiatisée autour du port du voile à l'école publique en France, et elle est considérée comme le point de départ du débat contemporain sur la place des signes religieux dans l'espace public français.

Elle conduit à une prise de position du Conseil d'État le 27 novembre 1989, qui rend un avis (non contraignant) estimant que le port du foulard ne constitue pas en soi une atteinte à la laïcité, tant qu'il ne s'accompagne pas de prosélytisme ou de trouble à l'ordre public[8]. Cependant, cette affaire ouvre la voie à une série de débats, sanctions et réformes, qui culminent avec la loi du 15 mars 2004 interdisant les signes religieux ostensibles à l'école[9].

L'affaire déclenche un débat public dont les termes sont définis par le principe de la laïcité à l'école, la liberté religieuse des individus, et l'intégration sociale des populations issues de l'immigration.

Depuis 1989, le débat sur le port du voile en France n'a cessé d'évoluer, tant dans son contenu que dans sa portée. Initialement centré sur la question de la compatibilité entre la laïcité à l'école et les libertés religieuses, il s'est progressivement durci et étendu à d'autres sphères de la société. Ainsi, au-delà des élèves dans l'école publique, l'apparence des mères voilées lors de sorties scolaires, des étudiantes à l'université ou encore des employées du secteur privé continue de relancer régulièrement la controverse.

Plus récemment, en 2025, le port du foulard lors des compétitions sportives officielles est devenu un nouveau terrain de conflit et de restriction. Cette extension continue des domaines concernés par la question du voile illustre un glissement progressif vers une juridiciarisation croissante de l'apparence islamique dans l'espace

---

[8] CE, avis, Intérieur, 27 novembre 1989, *Port du foulard islamique*, n°346893.

[9] Loi n°2004-228 du 15 mars 2004 encadrant, en application du principe de laïcité, le port de signes ou de tenues manifestant une appartenance religieuse dans les écoles, collèges et lycées publics.

public. Autrement dit, des enjeux initialement philosophiques, sociaux et politiques tendent désormais à être de plus en plus traités par le biais de lois, de règlements administratifs ou de décisions juridictionnelles.

On peut dès lors s'interroger sur la place du débat contradictoire et le cadrage du problème. Le temps n'est plus à la confrontation des points de vue, à la discussion ouverte et à la reconnaissance de la pluralité des interprétations et des expériences vécues, mais tend désormais à privilégier une logique de régulation, d'encadrement, voire d'interdiction de certaines formes d'apparence jugée indésirables, voire menaçantes. Cette évolution traduit une forme de crispation sociétale face à la diversité culturelle et religieuse, et une tendance à vouloir maîtriser les expressions visibles de cette diversité à travers l'outil juridique.

Il convient désormais de retracer brièvement les principales étapes législatives ayant marqué cette évolution autour du voile islamique ainsi que les arguments invoqués pour justifier ces différentes interventions juridiques.

A. Les signes ostensibles et la loi du 15 mars 2004

Cette loi constitue un moment charnière dans l'évolution du cadre juridique encadrant les signes religieux en France. Elle interdit le port de signes ou tenues manifestant ostensiblement une appartenance religieuse dans les écoles, collèges et lycées publics.

Bien que le débat public ayant précédé l'adoption de la loi ait porté essentiellement sur le port du voile islamique par les jeunes filles, le texte législatif ne vise pas exclusivement ce signe religieux. Il s'applique également à d'autres symboles, tels que la kippa juive, les grandes croix chrétiennes ou encore le turban sikh. Toutefois, dans les représentations collectives comme dans les discours publics, cette loi a progressivement été perçue comme s'adressant principalement au port du voile par les jeunes filles musulmanes.

Trois éléments clés doivent être retenus dans l'analyse de cette loi.

Le premier point concerne le débat sémantique autour des notions d'« ostensible » et d'« ostentatoire ». Le dictionnaire *Le Petit Robert* définit le terme « ostentatoire » comme « la mise en valeur excessive et indiscrète d'un avantage ». Ce mot implique une intention démonstrative, voire provocatrice, de la part de la personne concernée. À l'inverse, le terme « ostensible » renvoie à une simple visibilité dans l'espace public ou scolaire, indépendamment des intentions du porteur. Il s'agit d'une visibilité qui peut être neutre ou simplement non dissimulée. Tandis que l'ostentatoire implique une volonté délibérée de se faire remarquer, souvent de manière excessive ou provocante. Cela suggère une mise en valeur appuyée, parfois perçue comme indécente ou déplacée.

Le choix lexical opéré dans le texte législatif, notamment la préférence pour le terme « ostensible » plutôt que « ostentatoire », témoigne d'une volonté manifeste de fonder la norme sur des critères supposément neutres et objectivables. Toutefois, cette prétention à la neutralité n'est pas exempte de tensions. En évacuant toute prise en compte du rapport interculturel à la visibilité des signes religieux, le texte législatif fait l'impasse à la fois sur la subjectivité des individus qui expriment leur croyance et sur la perception normative de ceux qui rejettent cette visibilité. Cette difficulté à nommer sans juger met en évidence les limites d'un cadre normatif prétendument objectif, dès lors qu'il se confronte à des réalités humaines marquées par la pluralité des identités, la subjectivité des expériences et les sensibilités collectives.

Le second élément à retenir dans le processus ayant conduit à l'adoption de la loi réside dans la création de la Commission Stasi, instituée en 2003[10] afin de préparer un cadre de réflexion sur la laïcité en France. Composée de vingt personnalités issues de divers horizons – juridiques, académiques, politiques et associatifs – la Commission Stasi a mobilisé une pluralité de compétences en sciences sociales et en droit pour appréhender les enjeux de la laïcité. Elle s'est appuyée sur une série d'auditions approfondies, conduites auprès de représentants des cultes, d'enseignants, de lycéens, de chercheurs, de responsables institutionnels et d'acteurs de la société civile, dans le but de recueillir une diversité de points de vue sur les tensions croissantes autour du fait religieux dans l'espace scolaire et républicain. L'objectif était de dresser un état des lieux des tensions liées à l'application du principe de laïcité dans l'espace scolaire.

[10] Décret n°2003-607 du 3 juillet 2003 portant création d'une commission chargée de mener une réflexion sur l'application du principe de laïcité dans la République.

Dans son rapport, la commission a proposé un ensemble de recommandations articulées autour de deux axes complémentaires : le renforcement de la neutralité de l'espace scolaire et la promotion de l'inclusion. Parmi ces propositions figuraient, par exemple, la reconnaissance de certaines fêtes religieuses appartenant aux trois principales religions pratiquées en France (christianisme, judaïsme, islam), ou encore la création d'un observatoire de la laïcité. Néanmoins, si les recommandations restrictives relatives à l'interdiction des signes religieux ostensibles ont été reprises dans la loi de 2004, les mesures à visée inclusive n'ont pas été intégrées au dispositif final.

Un troisième élément à retenir parmi les conséquences notables de cette loi réside dans la mobilisation du principe d'égalité entre les sexes, érigé en valeur centrale de la République. En effet, l'interdiction des signes religieux ostensibles à l'école a été, pour partie, justifiée par la nécessité de protéger les jeunes filles contre des pressions communautaires perçues comme attentatoires à leur autonomie et à leur émancipation. Le port du voile islamique, en particulier, a été interprété dans le débat public comme un symbole d'oppression féminine, incompatible avec les idéaux républicains d'égalité et de liberté.

Ce cadrage a contribué à réinscrire la question de la laïcité dans une lecture genrée, où la République apparaissait comme garante des droits des femmes face à des normes religieuses considérées comme patriarcales.

On observe progressivement que la question de la laïcité s'est construite en étroite corrélation avec celle du port du voile et, plus largement, avec la condition des femmes. Aux premiers temps des débats, on entendait souvent : « On ne peut pas réduire la laïcité à un bout de tissu. » Ce qui peut apparaître aujourd'hui comme une nouveauté dans le contexte français constituait pourtant une évidence historique dans de nombreux pays musulmans. Il convient, à cet égard, d'opérer un détour historique afin de rappeler que, dans le cadre des réformes de modernisation engagées dans des pays tels que la Turquie, la Tunisie, l'Égypte ou encore l'Iran, la question féminine s'est trouvée, dès l'origine, intrinsèquement liée à la définition et à la mise en œuvre du principe de laïcité. Comme j'ai montré dans mon livre, *Musulmanes et modernes*[11], la visibilité des femmes dans l'espace public, leur

[11] GÖLE Nilüfer (2003 [1993]), *Musulmanes et modernes. Voile et civilisation en Turquie,* La Découverte, 2003 (1ère éd. 1993).

apparence, la mixité entre les sexes dans les établissements scolaires, les pratiques sportives, ainsi que l'exercice de leurs droits de citoyennes dans la sphère publique, constituaient autant d'indicateurs symboliques autour desquels se sont cristallisées des conceptions antagonistes du progrès, de la tradition et de l'ordre social.

B. La dissimulation du visage et la loi du 11 octobre 2010

La loi du 11 octobre 2010 intitulée officiellement *loi interdisant la dissimulation du visage dans l'espace public*[12], est communément perçue comme visant spécifiquement le port du voile intégral (niqab ou burqa), bien qu'elle ne mentionne aucune référence religieuse dans sa formulation. Cette perception est le fruit d'une assimilation du débat public sur la question du voile et de la laïcité.

Cette loi interdit à toute personne de porter, dans l'espace public, une tenue destinée à dissimuler son visage. L'espace public est ici défini de manière large : il comprend les voies publiques, les transports, les commerces, les services publics, et plus généralement tout lieu ouvert au public. En cas d'infraction, la personne concernée est passible d'une amende et/ou d'un stage de citoyenneté. Le texte prévoit également des sanctions pour ceux qui contraindraient une personne à dissimuler son visage.

Plusieurs arguments ont été avancés pour justifier l'interdiction du port du voile intégral dans l'espace public, tels qu'ils ont été repris dans les débats parlementaires, les rapports officiels et les prises de parole publiques, notamment celle d'intellectuels influents comme Élisabeth Badinter[13].

La loi interdit la dissimulation du visage dans l'espace public, s'appuyant sur plusieurs registres d'arguments. Le premier argument repose sur des considérations de sécurité et d'ordre public. La possibilité d'identifier toute personne circulant dans l'espace public est présentée comme une exigence fondamentale, d'autant plus impérieuse

[12] Loi n°2010-1192 du 11 octobre 2010 interdisant la dissimulation du visage dans l'espace public.

[13] V. par ex. : BADINTER Elisabeth, « La "tolérance" s'est retournée contre celles que l'on croyait aider », *Le Monde*, tribune, 3 avril 2016.

dans un contexte de menace terroriste persistante. La dissimulation du visage est ainsi perçue comme incompatible avec les exigences minimales de transparence et de sécurité, et comme une entrave à l'exercice de la surveillance légitime par les autorités publiques.

Un second argument mobilise les notions de dignité humaine et de valeurs républicaines. Le port du voile intégral y est interprété comme un signe d'effacement de la personne, contraire à la dignité des femmes et à l'égalité entre les sexes.

Enfin, un troisième argument, plus abstrait mais non moins prégnant dans les discours publics, est celui du « vivre-ensemble ». Il postule que la vie en société suppose une certaine forme de visibilité réciproque, et que le visage constitue un vecteur fondamental de communication, de reconnaissance et de lien social. Dans cette perspective, le voile intégral serait perçu comme une barrière symbolique au dialogue civique et à la convivialité urbaine, entravant les interactions sociales élémentaires qui fondent la cohésion du corps social.

Élisabeth Badinter invoque la pensée d'Emmanuel Levinas pour souligner le devoir éthique de montrer son visage à autrui.[14] Dans la tradition lévinassienne, le visage est ce qui rend l'autre accessible, ce qui fonde la responsabilité éthique : il est le lieu par lequel la relation à l'autre devient possible, hors de toute médiation. En ce sens, dissimuler son visage reviendrait à refuser cette responsabilité, à se soustraire au regard et à la reconnaissance mutuelle qui structurent la vie en société.

Lorsque cet argument, qui relève d'un plaidoyer en faveur du pluralisme civique, mobilise des raisonnements que l'on pourrait qualifier de civilisationnels, il devient à la fois problématique et paradoxal. En effet, la norme éthique de la visibilité du visage – censée fonder le lien social et permettre la coexistence dans l'espace public – est souvent invoquée pour justifier des interdictions qui, en réalité, ne visent que le voile intégral, c'est-à-dire une forme très spécifique de dissimulation corporelle. Or, la majorité des signes religieux visibles, tels que le foulard couvrant les cheveux, n'occulte pas le visage et ne contrevient donc nullement à cette exigence relationnelle éthique. Le fait de ne pas dissimuler le visage n'est pas une spécificité exclusive à la civilisation occidentale. On peut même considérer que le foulard, tout

[14] « La burqa procure un sentiment de jouissance », Entretien avec Élisabeth Badinter, *Le Matin*, 22 septembre 2013.

en couvrant les cheveux, met en évidence le visage et le rend visible dans l'espace social.

Il apparaît donc injustifié d'appliquer le même raisonnement – fondé sur la norme éthique de la visibilité du visage – à l'interdiction du foulard qu'à celle du voile intégral. Par ailleurs, l'usage du mot *voile* dans le discours public tend à amalgamer toutes les formes de recouvrement, sans distinction, ce qui alimente dans l'imaginaire collectif un rejet globalisé, sans reconnaissance de la pluralité des significations attachées à ces choix vestimentaires.

Le voile intégral correspond à une pratique religieuse adoptée par une infime fraction de femmes, souvent en situation de précarité ou d'isolement social. À l'inverse, le foulard islamique est fréquemment porté par de jeunes femmes qui affirment leur croyance tout en aspirant à poursuivre des études et à participer activement à la vie de la cité. Ces deux formes de visibilité renvoient à des manières d'apparaître et à des logiques d'apparition fondamentalement différentes.

C. La laïcité dans le domaine du sport et la proposition de la loi

Vingt ans après l'adoption de la loi interdisant le port de signes religieux ostensibles dans les écoles publiques, un nouveau débat émerge autour de l'extension de cette interdiction au domaine du sport. Cette volonté traduit une application plus large du principe de laïcité, au-delà du cadre scolaire. Au cœur de cette controverse se trouve la question du port du voile par les jeunes filles lors de la pratique d'activités sportives, notamment dans les compétitions encadrées par des fédérations sportives.

Dans un contexte marqué par une série d'attentats terroristes, le discours public s'est durci à l'égard des signes visibles de la différence religieuse, de plus en plus associés à l'extrémisme religieux. C'est dans cette atmosphère de tension qu'a été adoptée la loi du 24 août 2021[15], communément appelée « loi contre le séparatisme ». Ce terme, bien que non mobilise par le discours du droit, a été largement employé dans le discours politique pour justifier l'élaboration de la loi et pour désigner

[15] Loi n°2021-1109 du 24 août 2021 confortant le respect des principes de la République.

des comportements jugés communautaristes, perçus comme remettant en cause les principes républicains. À travers ce texte, le gouvernement entend lutter contre le repli identitaire, prévenir les processus de radicalisation et réaffirmer l'autorité de l'État, notamment dans certains territoires où elle serait affaiblie.

Dans la continuité de la législation adoptée dans le cadre de la lutte contre le « séparatisme », une nouvelle proposition de loi visant à interdire les signes religieux dans le domaine du sport est en cours d'examen. Cette initiative législative, datée du 29 octobre 2024, a été proposée puis adoptée par le Sénat en février 2025[16]. Elle est désormais en attente d'examenpar l'Assemblée nationale.

Le texte vise à modifier le Code du sport afin d'y introduire une interdiction explicite du port de signes religieux par les participants aux compétitions officielles organisées par les fédérations sportives.

Les arguments avancés pour justifier cette interdiction sont multiples : ils reposent à la fois sur des considérations d'hygiène et de sécurité, mais aussi sur la volonté de prévenir toute forme de séparatisme, de radicalisation et de prosélytisme. Le port de signes religieux, notamment dans des environnements très médiatisés, comme le sport de haut niveau, est perçu par certains responsables politiques comme pouvant favoriser le prosélytisme ou renforcer les dynamiques identitaires.

Il existe alors une contradiction entre l'intention de la loi et ses conséquences. Présentée comme un instrument de lutte contre le séparatisme, cette loi contribue en réalité à l'entretenir. En imposant des restrictions ciblées, elle exclut de manière directe les femmes sportives musulmanes portant le foulard des compétitions officielles. Celles-ci dénoncent une mise à l'écart injuste et profondément frustrante. Malgré leur engagement et leur niveau de performance, elles sont reléguées au banc, non pas pour des raisons sportives, mais en raison de critères réglementaires à caractère discriminatoire.

Des femmes musulmanes engagées dans les activités sportives ont exprimé leur opposition à cette proposition de loi. Parmi elles, le collectif des « Hijabeuses »[17], composé de jeunes femmes musulmanes engagées dans le football, s'est mobilisé pour dénoncer cette

---

[16] Proposition n°509 du 29 octobre 2024.

[17] V. not. : CE, sect., 29 juin 2023, *Association alliance citoyenne et autres*, n°s 458088, 458547, 463408.

interdiction. Composé de jeunes footballeuses portant le foulard, ce collectif revendique le droit de concilier leur passion pour la pratique sportive avec leur foi religieuse. Le 26 janvier 2022, les « Hijabeuses » ont organisé une action symbolique en jouant au football devant le Sénat, dans le jardin du Luxembourg, afin de contester de manière performative l'amendement visant à interdire leur présence dans les compétitions sportives officielles.

Il y a également le collectif « Basket Pour Toutes », qui milite pour l'inclusion et l'égalitél'égalité dans le sport, en particulier pour les femmes musulmanes portant le hijab. Le documentaire *Titulaires*, produit par ce collectif en 2023, met en lumière les défis rencontrés par les basketteuses musulmanes en France, et présente des témoignages poignants de joueuses exclues ou empêchées de participer à des matchs en raison de leur tenue vestimentaire. Ces femmes évoquent les valeurs qu'elles ont apprises à travers leur pratique sportive : le partage, le respect, l'entraide, la patience, la dévotion, le fair-play, ainsi que la joie et le bonheur que procure le sport.

Ceux qui militent pour l'interdiction du port du hijab lors des compétitions sportives tendent à nier le rôle du sport comme vecteur d'émancipation individuelle et de cohésion sociale. Or, en tant qu'espace de socialisation structuré, le sport constitue une opportunité concrète pour les individus – et en particulier les jeunes filles – de s'épanouir hors du cadre religieux, tout en développant le sens de l'effort, de la coopération et de la compétition dans un environnement sécularisé. Le potentiel émancipateur du sport – en tant qu'espace de joie, de prise de distance par rapport à la sphère religieuse, et de partage de valeurs communes – est clairement exprimé par ces sportives elles-mêmes. En revanche, ceux qui subordonnent le principe de laïcité à des logiques politiques mobilisent fréquemment l'hypothèse de la radicalisation, sans appui sur des données empiriques et sans tenir compte de la subjectivité des jeunes filles musulmanes.

D. Comment le nommer : une question sémantique du voile

La visibilité croissante de l'islam en Europe, notamment à travers l'apparence des femmes – leur manière de se vêtir, de se couvrir ou de se comporter dans l'espace public – suscite d'emblée une question sémantique fondamentale : comment nommer ce que l'on voit ? Le débat public s'ouvre souvent par un besoin de cadrage, c'est-à-dire de nommer l'émergence d'un phénomène perçu comme étranger ou non conforme aux normes du paysage culturel majoritaire. Les termes utilisés varient considérablement : foulard, voile, hijab, niqab, burqa, et plus récemment abaya ou burkini. Or, chacun de ces mots ne désigne pas uniquement un vêtement ; il porte une charge symbolique, idéologique et émotionnelle, et participe à la construction d'une proximité ou, plus souvent, d'une distance culturelle et géographique. Le glissement sémantique du *foulard* à la *burqa* en est un exemple révélateur : à mesure que le lexique se durcit, les représentations s'assombrissent, et le simple signe vestimentaire devient le symptôme d'un « ailleurs » perçu comme menaçant. En nommant ainsi, on ne se contente pas de décrire : on assigne une extériorité à ces pratiques, considérées comme exogènes, et on les inscrit dans une altérité construite.

Ce processus de nomination participe à une mise à distance symbolique, où le langage devient un outil de classification, d'assignation et de pouvoir. Toutefois, des termes apparus plus récemment dans l'espace public, tels qu'abaya ou burkini, viennent troubler cette logique. Ils défient les cadres établis de la perception, car ils suggèrent une dimension endogène et inventive du phénomène, où les frontières entre foi et mode, entre expression religieuse et choix esthétique, se brouillent. Ces appellations remettent en question la dichotomie rigide entre appartenance religieuse et modernité, et révèlent la complexité et la fluidité des identités contemporaines.

II. Se voiler : une question d'imposition ou d'agentivité

Le port du voile est fréquemment abordé à travers une opposition binaire : relèverait-il d'un choix personnel ou résulterait-il d'une imposition exercée par l'entourage masculin, la famille, le quartier ou certains courants islamistes ? Nombre de lois adoptées en France partent du postulat que le voile est imposé aux femmes, et que celles-ci doivent être protégées contre cette contrainte. Cette hypothèse fonde une grande partie du discours public – y compris pour certains porte-paroles féministes – qui légitime les lois restrictives au nom de la protection et de l'émancipation des femmes.

Ainsi, l'État se voit investi d'un rôle d'émancipateur visant à libérer des femmes présumées soumises à des normes patriarcales ou religieuses oppressives. Cette posture, bien que souvent animée par des intentions égalitaires, repose sur une vision homogénéisante de la condition féminine musulmane, où la contrainte est supposée systématique et la subjectivité des femmes, largement ignorée.

Cette approche repose sur une négation de la capacité d'agir des femmes. Leur agentivité, leur subjectivité et leur réflexivité sont souvent ignorées dans les débats, comme si elles étaient dépourvues de volonté propre ou incapables de formuler leur rapport à leur foi. Cette vision paternaliste et civilisatrice nie la diversité des trajectoires, des motivations personnelles vis-à-vis du voile. Pour beaucoup, il peut être un acte spirituel, un choix identitaire, une stratégie d'adaptation ou encore une expression de résistance. Le réduire à une simple marque d'oppression revient à essentialiser les femmes musulmanes et à leur refuser la parole dans un débat qui les concerne.

Cette posture repose sur une vision homogénéisante de la condition féminine musulmane, où la contrainte est supposée systématique et la subjectivité des femmes largement ignorée. Or, comme j'ai montré dans mon enquête *Musulmans au quotidien*[18], le port du voile peut relever d'un choix actif et réflexif, porté par des femmes qui cherchent à concilier leur foi avec leur aspiration à participer pleinement à la vie de la cité, à commencer par l'accès à l'éducation, tout en revendiquant une présence visible dans la sphère publique. Loin d'être une marque passive d'enfermement, le voile devient alors le symbole d'une visibilité islamique assumée, et un instrument d'agentivité féminine. Il constitue une manière de négocier les normes d'apparence dans l'espace public, entre normes du féminisme séculier, impératifs religieux et aspirations de jeunes femmes musulmanes. Cette approche met en lumière la capacité des femmes musulmanes à produire de nouvelles formes de subjectivation dans leur rapport au corps, à la foi et à la citoyenneté.

---

[18] GÖLE Nilüfer, *Musulmans au quotidien. Une enquête européenne sur les controverses autour de l'islam*, La Découverte, 2015.

A. La sincérité de la foi ou l'instrumentalisation politique

L'un des nœuds centraux des débats contemporains autour du port du voile réside dans l'ambiguïté de ses significations : est-il l'expression sincère d'une foi personnelle ou bien une manifestation d'affirmation identitaire à visée politique, voire une contestation des normes républicaines ? Cette dualité perçue, souvent instrumentalisée dans le débat public, tend à réduire la complexité des motivations individuelles à une opposition binaire entre spiritualité authentique et provocation militante. Pourtant, les enquêtes sociologiques montrent que les raisons invoquées par les femmes voilées sont plurielles[19] : elles relèvent à la fois de parcours spirituels, de recherches de sens, d'affirmation d'une appartenance culturelle, mais aussi parfois d'un positionnement critique à l'égard de la société majoritaire. C'est précisément cette pluralité de sens qui trouble les représentations collectives et alimente les controverses.

Tant que le port du voile demeure associé à la première génération de femmes immigrées musulmanes, il tend à passer inaperçu et ne suscite pas de réactions : il est perçu comme un signe relevant d'une piété traditionnelle et cantonné à la marge de la société. Les foulards des « grands-mères » ou celui des « femmes immigrées » ne sont guère visibles aux yeux du public car l'une ne franchit pas le seuil de sa maison et l'autre appartient aux classes défavorisées de la société. Ils sont donnés comme l'exemple de l'innocence docile de l'expression du religieux ou comme un geste traditionnel, voire une habitude rappelant des mémoires paysannes.

Le foulard change de signification, avec son appropriation au sein de la deuxième et de la troisième génération, et plus particulièrement dans l'espace scolaire, où le voile acquiert une visibilité nouvelle et devient l'objet d'une forte charge symbolique. Dès lors, ce choix de se couvrir est souvent interprété à travers le prisme du soupçon : soupçon qu'il ne relèverait pas d'une expression sincère de la foi, mais qu'il traduirait

[19] DAYAN-HERZBRUN Sonia, « Cheveux coupés, cheveux voilés », *Communications,* no : 60, 1995, p. 165-183.

plutôt une forme d'intégrisme religieux, une stratégie d'entrisme communautaire, voire un rejet délibéré des valeurs républicaines.

B. Apparition islamique et transgression spatiale

On observe le changement de signification du voile avec son déplacement : de sa présence initiale en marge de l'espace public c'est-à-dire dans les quartiers relégués, historiquement associés aux femmes immigrées – vers le centre des villes et des institutions. Ce déplacement traduit, de manière éloquente, l'accès progressif des jeunes filles issues de l'immigration à l'éducation et, plus largement, leur insertion croissante dans les institutions républicaines, notamment à travers l'école. La visibilité accrue du voile ne relève donc pas uniquement de l'expressivité religieuse, mais témoigne également d'une dynamique d'intégration.

La visibilité du voile est alors accompagnée d'une transgression spatiale en se manifestant là où on ne l'attend pas. Loin d'être un simple repli identitaire, ce port du voile peut également être lu comme le signe d'une mobilité sociale ascendante. Ces jeunes filles opèrent une véritable transgression spatiale : elles quittent les espaces traditionnellement réservés aux femmes pour investir des lieux auparavant moins accessibles, marqués par la mixité sociale et de genre. Elles s'éloignent ainsi des rôles féminins traditionnels, accèdent à de nouveaux savoirs, participent à des activités sportives et prennent place dans d'autres sphères de la société.

III. Une question féministe : entre interdits et survisibilité

Il existe un jeu paradoxal de visibilisation et de dissimulation. Le fait de se couvrir, censé dissimuler le corps, rend paradoxalement les femmes musulmanes plus visibles. À travers les débats publics, elles deviennent le centre de l'attention. Le voilement, loin d'être une simple expression de pudeur ou de retrait, engendre en réalité une survisibilité dans l'espace public : il attire le regard précisément parce qu'il contrevient aux normes séculières dominantes. [20]

En apparaissant dans l'espace public tout en se couvrant, les femmes musulmanes voilées s'écartent des cadres normatifs d'émancipation portés par le féminisme séculier. Dans le même temps, elles se distancient des rôles traditionnels en investissant des lieux comme l'école, l'université, le monde professionnel ou encore le sport. Elles s'inscrivent ainsi dans une mouvance féministe, en ce qu'elles revendiquent le droit de mener leur vie selon leurs aspirations personnelles et de participer activement à la vie publique, dans toute sa diversité sociale. Toutefois, leur comportement se conforme à une norme d'apparence dictée par une prescription religieuse fondée sur la pudeur et le rejet de la sexualisation du corps. Leur présence publique se trouve donc marquée par une double tension : d'un côté, avec un féminisme sécularisé et libertaire qui associe souvent l'émancipation à la transgression des normes religieuses ; de l'autre, avec un conservatisme religieux qui tend à contrôler l'expression corporelle des femmes et à restreindre leur visibilité dans l'espace public.

La présence des femmes voilées dans l'espace public manifeste ainsi une forme d'ambivalence. Elles bousculent à la fois les normes féministes dominantes et les injonctions patriarcales religieuses, en traçant une voie singulière d'émancipation, à la croisée des sphères intimes et publiques, portées par une grammaire de la pudeur et de l'interdit sexuel.

Chaque avancée vers une visibilité dans l'espace public expose les femmes musulmanes à un paradoxe : elle met potentiellement en tension les prescriptions islamiques qui valorisent la discrétion, la pudeur et la piété. Ces expressions spirituelles se trouvent confrontées aux logiques du marché, aux représentations médiatiques et aux injonctions contemporaines à la transparence, au désir et à la performance de soi. La survisibilisation des signes religieux, l'ostentation de la piété et leur mise en scène dans l'univers de la mode contribuent à déstabiliser le sens du sacré, voire sa marchandisation. Ce brouillage des registres – entre foi intime et exposition publique –

---

[20] GÖLE Nilüfer, *Musulmans au quotidien. Une enquête européenne sur les controverses autour de l'islam*, La Découverte, 2015.

reflète une tension profonde entre spiritualité intériorisée et exigences extérieures de visibilité.

Le port du voile évolue désormais vers une dimension esthétique et stylistique qui s'éloigne des normes traditionnelles. Il ne s'agit plus uniquement d'un vêtement religieux ou d'un symbole de pudeur, mais d'un élément intégré à une expression identitaire contemporaine, fortement influencée par les dynamiques de la mode.

On observe aujourd'hui l'essor de la mode pudique (*modest fashion*), un courant vestimentaire qui vise à articuler les impératifs religieux de pudeur avec les exigences de la vie moderne, notamment les pratiques sportives et les tendances stylistiques contemporaines. Des pièces telles que le burkini, conçu pour la natation, ou les bonnets couvrants portés lors d'activités physiques illustrent cette hybridation. Dès lors, il devient de plus en plus complexe de considérer un vêtement ou un accessoire comme une manifestation univoque de religiosité.

La controverse autour du port de l'abaya – longue robe ample et couvrante – par les jeunes filles à l'école, illustre de manière exemplaire les tensions liées à l'interprétation des vêtements à connotation religieuse. Si cette tenue peut être perçue comme conforme à une certaine conception de la pudeur, elle n'en revêt pas moins une portée symbolique plurielle. Elle oscille entre expression d'une pratique religieuse, affirmation d'un choix personnel et inscription dans une dynamique stylistique contemporaine. Cette polyvalence sémantique rend toute tentative de catégorisation univoque particulièrement problématique, en révélant la porosité croissante entre les sphères du religieux, du culturel et de l'esthétique.

Peut-on, pour autant, considérer le voile comme un simple phénomène de mode ? Est-il destiné à suivre le cycle éphémère des tendances vestimentaires, ou conserve-t-il une portée religieuse et pérenne ? Si le voile s'inscrit de plus en plus dans des logiques de stylisation de l'islam – envisagé à la fois comme mode de vie et de consommation – il ne saurait pour autant être réduit à une pratique purement esthétique ou mercantile. Le rapport au voile demeure, pour de nombreuses femmes, profondément lié à la foi et à l'observance des prescriptions religieuses.

Cette tension entre croyance et expression identitaire contemporaine révèle toute la complexité du port du voile aujourd'hui : à la fois objet de mode et acte de foi, il échappe aux dichotomies réductrices entre religieux et mondains. Il témoigne, par ailleurs, de formes d'accommodements créatifs entre le désir de conformité aux prescriptions religieuses et l'inscription dans des trajectoires de vie sécularisées. Ce phénomène reflète une capacité d'adaptation et de réinterprétation des normes islamiques dans des contextes européens séculiers.

Conclusion : formes d'accommodement ou normes juridiques

L'apparence dans l'espace public est traversée par des tensions constantes entre liberté d'expression individuelle, normes sociales collectives et cadres juridiques nationaux. Le cas du voile islamique cristallise ces tensions, en révélant les enjeux liés à la subjectivité des acteurs, aux processus de reconnaissance sociale et aux critères d'appartenance. En cherchant à encadrer l'apparence au nom du principe de neutralité, le droit français redéfinit continuellement les frontières du tolérable et de l'intolérable dans l'espace public.

La législation tend ainsi à ériger la laïcité en norme d'universalité visuelle, excluant *de facto* certaines formes de visibilité religieuse, y compris lorsqu'elles sont neutres, fonctionnelles ou compatibles avec les exigences pratiques du quotidien. L'interdiction du hijab sportif – tel que celui conçu par des marques comme Nike – illustre cette application rigide de principes généraux, au détriment de solutions d'inclusion pragmatiques. Une telle approche restreint les possibilités d'accommodement raisonnable, pourtant cruciales pour bâtir un espace public véritablement pluraliste et inclusif.

Plus qu'un simple vêtement, le voile est devenu le miroir des contradictions d'une société qui aspire à concilier cohésion républicaine et reconnaissance de la diversité. Dans ce contexte, le droit joue un double rôle : à la fois outil de pédagogie normative et vecteur de cohésion civique. Mais il révèle aussi ses propres limites en matière d'inclusivité : en instituant certaines expressions et formes de visibilité comme problématiques, il risque de renforcer les dynamiques de marginalisation et de séparatisme qu'il prétend combattre.

Bibliographie

Hannah Arendt (1983 [1958]). *La condition de l'homme moderne.* Paris : Calmann-Lévy.

Elisabeth Badinter (2016). « La "tolérance" s'est retournée contre celles que l'on croyait aider », *Le Monde*, tribune, 3 avril 2016.

« La burqa procure un sentiment de jouissance », Entretien avec Élisabeth Badinter, *Le Matin*, 22 septembre 2013.

Pierre Bourdieu (1979). *La distinction. Critique sociale du jugement.* Paris : Éditions de Minuit.

Sonia Dayan-Herzbrun (1995). « Cheveux coupés, cheveux voilés », *Communications*, no : 60, p. 165-183.

Erving Goffman (1973 [1959]). *La mise en scène de la vie quotidienne. 1. La présentation de soi.* Paris : Éditions de Minuit.

Erving Goffman (1975 [1963]). *Stigmate. Les usages sociaux des handicaps.* Paris : Edition de Minuit.

Nilüfer Göle (2003 [1993]). *Musulmanes et modernes. Voile et civilisation en Turquie.* Paris: La Découverte.

Nilüfer Göle (2015). *Musulmans au quotidien. Une enquête européenne sur les controverses autour de l'islam*, Paris: La Découverte.

Georg Simmel (1988). *La Philosophie de la modernité.* Paris : Payot.

Étienne Tassin (2017). *Le trésor perdu. Hannah Arendt, l'action et l'institution.* Paris : Desclée de Brouwer.

NORMATIVITE DE L'APPARENCE

L'apparence sujet de droit public

APPARENCE ET TRANSFORMATION DE LA NORMATIVITE EN DROIT PUBLIC

Réflexions à partir de la transition écologique et de ses conséquences sur l'écosystème juridique

Fabien BOTTINI
Docteur en droit public – HDR
Professeur des Universités
Chaire NC2040 de Le Mans Université
Chaire innovation de l'Institut Universitaire de France
Membre du Thémis-UM
Membre associé du LexFEIM

Résumé

Comment le droit public est-il mobilisé pour faire de l'apparence du discours politique des plus hautes autorités de l'État à avoir une prise sur les évènements, non pas une simple illusion, mais une réalité tangible ? Poser la question amène à examiner deux faces d'une même médaille : la façon dont les autorités normatives recourent à des mécanismes juridiques dont la raison d'être est de sauver les apparences en leur capacité à relever les défis à venir (I) autant que de rendre trompeuses celles en leur incapacité à changer réellement le cours des choses (II).

Introduction

« Les apparences plus que les réalités », constatait l'homme politique américain Daniel Webster, « gouvernent le monde », et c'est pourquoi il est « aussi important de connaître les choses en apparence que de les connaître réellement ».

Son retour d'expérience a le mérite de rappeler que le mot « apparence » a une signification duale, puisqu'il renvoie autant à la surface des choses qu'au reflet de leur réalité profonde. Or, si ces deux aspects peuvent se recouper, ils ne se confondent pas toujours. Ce qui soulève, entre autres interrogations, celles de savoir comment le droit public est mobilisé pour faire de l'apparence du discours politique des plus hautes autorités de l'État à avoir une prise sur les évènements, non pas une simple illusion, mais une réalité tangible.

Si la question se pose, c'est que leurs discours politiques sont, en eux-mêmes, porteurs d'une normativité ayant vocation à inspirer la normativité juridique, dans la mesure non seulement où ils sont supposés présenter pour elle un caractère « pré-normatif », en annonçant les évolutions à venir du droit positif ; mais aussi où ces dernières peuvent conduire à de véritables changements paradigmatiques de l'écosystème juridique dans les périodes de grandes transformations, comme celles dans laquelle le monde est entré depuis 2020 (sous l'effet conjugué des crises sanitaire et énergétique et de la fragmentation du grand marché mondial). Il est pour cette raison intéressant d'envisager le sujet au regard des grandes annonces sur la transition écologique, en les mettant en miroir avec les réformes du droit positif qui les accompagnent réellement ou… non.

Car le sujet invite alors à examiner deux faces d'une même médaille : la façon dont les autorités normatives recourent à des mécanismes juridiques dont la raison d'être est de sauver les apparences en leur capacité à relever les défis à venir (I) autant que de rendre trompeuses celles en leur incapacité à changer réellement le cours des choses (II).

I. Sauver les apparences de la capacité des autorités normatives à relever les défis à venir

L'exemple des prises de position officielle des deux têtes de l'Exécutif montre que la fonction performative de l'apparence tend à favoriser le déclenchement de « prophéties auto-réalisatrices » en deux temps : dès lors qu'elle vise à s'appuyer sur la solennité constitutionnelle entourant les effets d'annonce du discours politique (A) pour en faire le moteur des transformations à venir de la normativité juridique (B).

A. S'appuyer sur la solennité constitutionnelle accordée aux discours politiques des plus hautes autorités de l'État…

Instrument de médiation au travers duquel le politique se transmute en juridique, la Constitution offre un cadre permettant de donner une solennité particulière aux discours des plus hautes autorités de l'État, en théâtralisant l'apparence de leur pouvoir à influer sur le cours des choses.

C'est, entre autres, la raison d'être des prises de parole du chef de l'État et du Premier ministre. Car aux déclarations de politique générale primo-ministérielles devant l'Assemblée nationale prévues par l'article 49 de la Constitution du 4 octobre 1958 depuis son entrée en vigueur – et simultanément dupliquées devant le Sénat par un autre ministre –, s'ajoute, depuis la révision n° 2008-724 du 23 juillet 2008, la faculté présidentielle de s'adresser au Congrès du Parlement, sur le fondement de l'article 18, celle-ci venant conjuguer ses effets avec ses prises de parole devant les Français. Rattachables à la liberté d'expression qu'il tient, dans l'exercice de ses fonctions, de l'article 5 de la Constitution autant qu'à la tradition républicaine[1], de telles interventions sont en effet destinées à marquer les esprits, comme celles faites lors de la fête nationale du 14 juillet ou de la Saint Sylvestre au 31 décembre ou encore au journal télévisé de 20h[2].

Or, ces mécanismes ont été mobilisés à partir de la crise sanitaire au moins, pour assigner une nouvelle téléologie à l'action étatique et à la normativité dont elle est productrice, afin d'en faire un levier de réussite des transitions en général, et de la transition écologique en particulier.

C'est par exemple ce qui ressort du discours du chef de l'État devant le congrès du parlement du 3 juillet 2017 mettant en garde contre l'« aliénation de notre avenir, si nous ne parvenons pas à organiser la transition écologique, à protéger la planète ». Après avoir affirmé dans l'entre-deux-tours de sa réélection en 2022 : « ce quinquennat sera

---

[1] CE, Ass., 8 avr. 2009, *Hollande et Mathus*, n° 311136.

[2] Voir l'Adresse aux Français d'Emmanuel Macron, président de la République du 5 mars 2020, sur « la situation internationale et ses conséquences pour la France et pour l'Europe » (texte intégral disponible à l'adresse https://www.elysee.fr/emmanuel-macron/2025/03/05/adresse-aux-francais-6).

écologique ou ne sera pas »[3], il affichait encore sa volonté, une fois réélu, de remporter les « défis » de « la transition écologique, qui refonde le rapport de l'homme et de la nature », dans une déclaration du 25 septembre 2023 sur la planification éponyme.

C'est de même ce qui ressort des discours de politique générale des Premiers ministres qui se sont succédé depuis la crise sanitaire, puisque tous se sont référés à la crise climatique ou écologique, en insistant sur la nécessité d'engager la France dans « la bataille pour le climat » (Jean Castex, 15 juillet 2020), d'inventer une « écologie de progrès » (Élisabeth Borne, 6 juillet 2022) ou de « bâtir ensemble une écologie populaire, une écologie à la française » (Gabriel Attal, 30 janvier 2024), qui soit « une écologie des solutions » (Michel Barnier, 1er octobre 2024), fort de cette idée « que l'écologie « n'est pas le problème », mais « la solution » (François Bayrou, 15 janvier 2025).

La solennité constitutionnelle au fondement de ces annonces politiques n'est toutefois pas pensée comme une fin en soi ; c'est un moyen de préparer les esprits aux évolutions de la normativité juridique et de les impulser, alors même que, en période de grandes transformations comme celle dans laquelle nous sommes entrés depuis 2020-2022, celles-ci peuvent être paradigmatiques.

B. … pour en faire le moteur des transformations à venir de la normativité juridique

Les annonces de la dyarchie exécutive jouent comme une boussole stratégique des évolutions sinon des transformations à venir de la normativité juridique, dans la mesure où elles ont vocation à être déclinées dans des actes juridico-budgétaires de programmation ou d'implémentation.

D'un côté, en effet, la solennité juridique donnée aux annonces politiques des plus hautes autorités de l'État a vocation à inspirer la production de documents normatifs destinés à donner la feuille de route des évolutions subséquentes de la règle de droit à venir.

---

[3] « Climat, énergie, biodiversité : les chantiers prioritaires du quinquennat », *Le Monde*, 30 avr. 2022.

C'est ainsi qu'au niveau national la planification écologique a été pensée par le pouvoir réglementaire sous la responsabilité du Premier ministre à partir de 2022[4]. Sans doute cette planification ne peut-elle juridiquement se réclamer de l'article 70 de la Constitution en ce qu'elle ne semble pas avoir été précédée d'une saisine pour avis du Conseil économique, social et environnemental (CESE). Mais elle a pu s'appuyer sur la loi n° 2023-1195 du 18 décembre 2023, de programmation des finances publiques pour les années 2023 à 2027, dont le rôle est de fixer les « orientations pluriannuelles des finances publiques » en lien avec la transition sur le fondement de l'article 34 de la Constitution.

Surtout, cette planification a vocation à être déclinée au niveau territorial, via divers documents de programmation appelés à monter en puissance. En matière de commande publique, il s'agit des Schémas de promotion des achats publics socialement et écologiquement responsables (SPASER)[5] ; en matière de finances locales, du Rapport d'orientation budgétaire (ROB)[6] ; en matière d'urbanisme, des documents d'orientation/d'utilisation des sols, pris par les autorités tantôt déconcentrées – comme les Schémas de mise en valeur de la mer[7] ou de gestion des carrières[8] – ou décentralisées, ayant entre autres vocation à traduire l'objectif de « zéro artificialisation nette »[9] – comme le schéma régional d'aménagement, de développement durable et d'égalité des territoires (SRADDET)[10] auxquels viennent s'ajouter les documents d'urbanismes, transversaux de type SCOT[11], PLUI ou

[4] V. LAGET-ANNAMAYER Aurore, « La planification écologique "à la française" : *work in progress* », *JCP A*, 2024-3, p. 23 et s.
[5] Art. L. 2111-3 et D. 2111-3 CGCT.
[6] Art. D. 2312-3 CGCT.
[7] Ord. n° 2019-1170 du 13 nov. 2019, relative au régime juridique du schéma d'aménagement régional, art. 2. V. LOZACHMEUR Olivier, « L'encadrement de la mise en valeur de la mer par la loi littorale », *Revue juridique de l'environnement*, 2012, p. 57.
[8] Art. L. 515-3 C. env.
[9] Voir POUMAREDE Matthieu, « Le climat, la résilience et le bâtiment », *RDI*, 2021, 449.
[10] Art. L. 4251-1 et s. CGCT.
[11] Schémas de cohérence territoriale (art. L. 122-1-1 s. Code de l'urbanisme).

PLU[12], ou sectoriels, comme les plans de sauvegarde et de mise en valeur[13]…

D'un autre côté, ces outils programmatiques sont destinés à inspirer les actes juridico-budgétaires que l'on peut en comparaison qualifier d'implémentation, dans la mesure où ils visent à concrétiser en droit les évolutions ou transformations annoncées par les plus hautes autorités de l'État, via des actes de nature plurilatérale ou unilatérale.

Au titre de la première sorte, les prises de position présidentielles ont par exemple vocation à porter la voix de la France lors des négociations internationales et à inspirer le contenu des traités commerciaux nouvelle génération ou climatiques, comme dans le cas de l'Accord de Paris du 12 décembre 2015. Mais les prises de position des autorités exécutives inspirent également les contrats de territoire conclus par l'État avec les autorités locales via les préfectures, comme dans le cas des contrats de relance et de transition écologique (devenus contrats « pour la réussite de la transition écologique » (CRTE)[14]) ; et, d'une façon plus générale, les contrats de la commande publique : dès lors que ces derniers sont désormais effectivement mobilisés pour faire de la logique concurrentielle du marché un levier de réussite de la transition écologique[15].

Au niveau unilatéral, les lois de finances ou celles qui conduisent à limiter l'exercice des droits fondamentaux d'une façon telle qu'elles reviennent à les « mettre en cause »[16] sont également mobilisées : dès lors que la majorité politique au parlement est invitée à traduire les priorités arrêtées par les têtes de l'Exécutif sous le contrôle de l'opposition et du juge constitutionnel. Sans surprise, ces textes s'accompagnent d'actes réglementaires de « mise en œuvre » des lois ainsi promulguées. Tandis que le pouvoir réglementaire agit également

[12] Plans locaux d'urbanisme intercommunaux ou communaux (art. L. 151-1 et s. Code de l'urbanisme).

[13] Art. L. 313-1 et R. 313-1 Code de l'urbanisme.

[14] V. Circ. n° 6420/SG du 29 sept. .2023, de la Première ministre relative à la mise en œuvre de la territorialisation de la planification écologique et Instruction NOR : TRED2410587C, relative à la relance des Contrats pour la réussite de la transition écologique.

[15] V. L n° 2021-1104 du 22 août 2021, portant lutte contre le dérèglement climatique et renforcement de la résilience face à ses effets (loi « Climat et résilience ») et art. L. 2111-2 et L. 3111-2 du Code de la commande publique.

[16] Cons. const., 19-20 juil. 1983, *Démocratisation du secteur public*, n°1983-162 DC.

au titre de ses pouvoirs propres au niveau national, pour élaborer de nouvelles réglementations de police ou mettre en place de nouveaux services publics, les autorités locales sont chargées de décliner ce cadre juridique national à leur niveau, via leurs propres pouvoirs de police, d'autorisations d'urbanisme (permis de construire, d'aménager, de démolir), budgétaires..., sous le contrôle d'un juge administratif, en quelque sorte érigé en gardien du respect de la parole politique nationale dans sa transposition juridique territoriale.

Ces considérations confirment que tout est fait en droit pour sauver les apparences de la capacité des autorités normatives à relever les défis à venir. C'est la première face de la relation apparence / normativité juridique. Mais le décalage parfois dénoncé entre les annonces et leurs réalisations concrètes montre que la médaille a son revers : une deuxième face invite en effet à réfléchir aux mécanismes juridiques permettant de rendre trompeuses les apparences en leur incapacité à changer le cours des choses.

II. Rendre trompeuses les apparences de l'incapacité des autorités normatives à changer le cours des choses

La fonction performative de l'apparence conduit également à instrumentaliser la normativité juridique pour préserver la crédibilité des annonces politiques.

Dans la période actuelle l'enjeu est double, puisqu'il faut mobiliser la normativité juridique pour lutter contre les cas de mal information ou désinformation (A), tout en œuvrant à l'adoption d'un droit, non pas seulement formel, mais bien réel, au sens marxiste du terme[17] (B).

---

[17] MARX Karl, *A propos de la question juive*, *Deutsch-Französische Jahrbücher*, 1844. V. BOYER Charles, « Marx et les droits de l'homme », *L'enseignement philosophique*, 2014-3, p. 54.

A. Mobiliser la normativité juridique pour lutter contre les cas de mal information ou désinformation…

Tandis que la mal information renvoie à des « informations basées sur la réalité, utilisées pour infliger un préjudice à une personne, un groupe social, une organisation ou un pays »[18], la désinformation désigne des « informations fausses et délibérément créées pour nuire » à chacun d'eux[19]. De sorte que le constat s'impose : la lutte contre ces fléaux est une condition du crédit pouvant être donné aux discours des autorités politiques officiellement investies d'un mandat électif ou d'une fonction publique si l'on veut qu'ils aient l'autorité nécessaire d'inspirer les transformations du droit. C'est peut-être encore plus vrai aujourd'hui qu'hier, du fait de l'essor des nouveaux modes de communication.

Par le passé, le législateur n'a certes pas hésité à mobiliser le droit pénal général – au travers du délit d'« outrage contre une personne dépositaire de l'autorité publique » (art. 433-5 Code pénal) –, comme le droit pénal spécial – via la loi du 29 juillet 1881, sur la liberté de la presse, sanctionnant les délits d'injure publique (art. 31[20]) et de diffamation publique (art. 33[21]) fais par tous les moyens de « publication » – pour, entre autres, préserver la crédibilité des annonces officielles faites par les têtes de l'Exécutif, en leur donnant les moyens de se protéger contre les entreprises de dénigrement pouvant saper leur autorité.

---

[18] https://www.info.gouv.fr/actualite/lutter-contre-les-fake-news.

[19] *Id.*

[20] Sanctionnant précisément les propos prononcés « envers le président de la République, un ou plusieurs membres du ministère, un ou plusieurs membres de l'une ou de l'autre Chambre, un fonctionnaire public, un dépositaire ou agent de l'autorité publique, un ministre de l'un des cultes salariés par l'État, un citoyen chargé d'un service ou d'un mandat public temporaire ou permanent, un juré ou un témoin, à raison de sa déposition ». V. BEAUD Olivier, « Le Chef de l'État bénéficie-t-il d'une protection spéciale en cas d'insultes sur les réseaux sociaux ? », *Le club des juristes*, 7 avr. 2023 ; *Id., La République injuriée. Histoire des offenses au chef de l'État de la IIIe à la Ve République*, PUF, 2019.

[21] « L'injure commise (…) envers les corps ou les personnes désignés par les articles 30 et 31 de la présente loi sera punie d'une amende de 12 000 € et d'une peine de travail d'intérêt général ».

Cette défense de la sincérité et de la qualité du débat public a, il est vrai, été renforcée au tournant des années 1990, via la consécration du pluralisme, dans ses deux dimensions, externe et interne, aux niveaux constitutionnel – lorsque le juge de la rue Montpensier a considéré que « le respect du pluralisme est une des conditions de la démocratie »[22] – et législatif – du fait de l'adoption de la loi, aujourd'hui modifiée, n° 86-1067 du 30 septembre 1986. D'autant que cette dernière fonde encore aujourd'hui la mission de l'Autorité de régulation de la communication audiovisuelle et numérique (ARCOM) d'« assure[r] le respect de l'expression pluraliste des courants de pensée et d'opinion dans les programmes des services de radio et de télévision, en particulier pour les émissions d'information politique et générale » (art. 13).

Mais la substitution de cette dernière au Conseil supérieur de l'audiovisuel (CSA) au 1er janvier 2022, s'est imposée dans la mesure où, de nos jours, l'autorité des annonces officielles des autorités politiques est également menacée par le danger que présentent l'effet conjugué des *fakes news* sur Internet et des procédures baillons – les unes tronquant leurs annonces pendant que les autres empêchent ceux dont c'est la mission de rétablir l'exactitude matérielle des faits devant l'opinion publique de remplir leur office. D'où la nécessité de nouvelles réformes.

Sur le premier point, l'arrêté du 16 juin 2009, portant création d'un système dénommé « PHAROS », avait déjà vocation à mobiliser le « *crowdsourcing* »[23] pour permettre aux victimes de porter à la connaissance des pouvoirs publics des faits de menace, d'injure ou de diffamation de nature à saper l'autorité d'un décideur public. Depuis, l'ampleur du fléau a toutefois conduit les instances européennes à systématiser et durcir les garanties applicables, via l'adoption des Règlements (EU) 2022/2065 du 19 octobre 2022, relatif à un marché unique des services numériques (DSA) et 2022/1925 du 14 septembre 2022, relatif aux marchés contestables et équitables dans le secteur numérique (DMA). Tous deux contribuent en effet à ce que « ce qui est illégal hors ligne » soit « illégal en ligne », en imposant à tous les intermédiaires qui offrent leurs prestations (biens, contenus ou services)

---

[22] Cons. const., 18 sept. 1986, *Liberté de communication*, n°1986-217 DC, cs. 11.

[23] Sur cette question, voy. Vanier L.(dir.), « Crowdsourcing : l'externalisation vers la foule des activités administratives », *JCP A*, 2019-50, p. 2354.

sur internet sur le marché européen, à prendre des mesures graduées pour combattre les « *fakes news* ». Variant selon la nature des services délivrés et la taille de l'opérateur, ces obligations peuvent aller de la transparence accrue de l'origine des produits ou des services à la facilitation des signalements de contenus illicites et leur blocage ou retrait rapide, sous le contrôle d'un « coordinateur des services numériques » (DSC) ou du juge.

Pour leur part, les procédures baillons constituent un usage détourné de voies de recours, destiné à protéger des intérêts privés contre le risque réputationnel que représentent pour eux certaines critiques publiques[24]. C'est pourquoi elles s'analysent en pratique comme des « *Strategic Lawsuits Against Public Participation* » (SLAPP). Or, elles sont, de fait, utilisées contre des journalistes, lanceurs d'alerte, chercheurs[25]… pour les empêcher de rétablir l'exactitude matérielle de certains faits, alors que ce rétablissement de la vérité est parfois nécessaire à la défense de la crédibilité des prises de position publique des plus hautes autorités de l'État. C'est en ce sens que ces procédures font peser un nouveau risque sur la vitalité de la démocratie, en entretenant l'apparence de l'incapacité des autorités à agir.

Face à un tel danger, une recommandation (UE) 2022/758[26] et la directive (UE) 2024/1069 du 11 avril 2024[27] organisent, il est vrai, la protection de toutes personnes qui participent à la sincérité du débat public contre les demandes en justice manifestement infondées et autres procédures judiciaires abusives. Mais, à ce premier enjeu, s'en ajoute un autre, aussi – sinon encore plus – fondamental dans la relation de l'apparence et de la normativité juridique : puisque cette dernière doit

---

[24] « Bolloré, Total… Face aux procédures-bâillons, on ne se taira pas ! », *Libération*, 25 juin 2023.

[25] MAZEAUD Denis (dir.), *Rapport sur les procédures baillons*, 2017. V. BESSE DESMOULIERES Raphaëlle et GARRIC Audrey, « Donald Trump s'attaque à la science du climat et sème l'effroi parmi les chercheurs », *Le Monde*, 17 février 2025.

[26] Sur la protection des journalistes et des défenseurs des droits de l'homme contre les procédures judiciaires infondées ou abusives.

[27] Sur la protection des personnes qui participent au débat public contre les demandes en justice manifestement infondées ou les procédures judiciaires abusives. V. DELMAS Pauline, « Directive contre les procédures-bâillons : face aux limites du cadre européen, plaidoyer en faveur d'une transposition ambitieuse », *Dalloz actualité*, 21 févr. 2025.

également être mobilisée pour œuvrer à l'adoption d'un droit, non pas seulement formel, mais bien réel.

B. ... tout en œuvrant à l'adoption d'un droit non pas seulement formel mais bien réel

Le décalage souvent dénoncé entre les annonces politiques et la réalité du discours juridique pose la question de la capacité des autorités normatives à adopter un droit non pas seulement formel mais bien réel. Ce qui revient à mettre à leur charge un double défi.

Primo, celui de la lisibilité et de l'intelligibilité de la règle de droit, grâce à la lutte contre l'obésité normative et l'amélioration de la fabrique des textes juridiques notamment[28].

La première s'impose dès lors que, de même que trop d'impôts tuent l'impôt, trop de normes nuisent à la réception de la norme par ses destinataires. Or, les autorités ne résistent pas toujours à la tentation de réformes de circonstances – par exemple destinées en matière pénale à user du verbe politique pour dissuader certains comportements, en suscitant chez leurs destinataires la crainte d'une sanction –, alors que leur adoption n'est en réalité pas nécessaire au regard de l'arsenal juridique existant. C'est la raison pour laquelle la simplification normative s'impose pour éviter que le maquis des normes applicables ne brouille la volonté initiale des autorités politiques, et empêche sa mise en œuvre – surtout lorsqu'il expose leurs destinataires au risque de double injonction contradictoire. Ces considérations expliquent le chiffrage désormais fait du coût économique des réformes juridiques[29] ; ainsi que l'intérêt des autorités pour les normes volontaires, de type ISO ou AFNOR : dès lors que les autorités publiques sont invitées à y puiser pour éviter la surtransposition juridique liée à l'adoption de règles redondantes par rapport à des normes techniques préexistantes et spontanément suivies, bien que relevant du droit souple[30].

---

[28] ALBERTINI Pierre(dir.), *La qualité de la loi*, Mare & Martin, 2016 ; *Id.*, *La crise de la loi déclin ou mutation*, Lexisnexis, 2015.
[29] V. L. n° 2013-921 du 17 octobre 2013, portant création du Conseil national d'évaluation des normes.
[30] CONSEIL D'ETAT, *Le droit souple*, La Documentation française, 2013.

L'amélioration de la fabrique des textes juridiques s'impose de manière complémentaire, de façon à optimiser leur lisibilité et intelligibilité. C'est de nos jours l'intérêt de la_légistique que de proposer une méthode pour augmenter leur qualité tant formelle que matérielle, via par exemple l'exposé des motifs rappelant les considérations de droit et de fait – *i.e.* les discours politiques – qui ont motivé la réforme, afin d'éclairer juges[31], commentateurs autorisés du droit ou simples citoyens sur sa raison d'être ; la précision de ses modalités d'application dans le temps et l'espace ; ou l'acculturation de procédés d'évaluation, permettant *ex ante* ou *ex post* de corriger le texte, au regard de son incapacité à atteindre en pratique les objectifs qui ont présidé à son adoption[32].

Deuxio, la relation de l'apparence et de la normativité juridique pose la question de l'effectivité de la règle de droit au travers du renouvellement des garanties de son respect.

À ce sujet, il faut, en premier lieu, s'interroger sur les moyens humains à la disposition de l'État pour assurer le respect de ses fonctions régaliennes d'application du droit. L'exemple de la pénurie de magistrats, attestée par les comparaisons internationales[33], montre que les tensions RH sur ces missions constituent un obstacle de plus en plus dirimant à la capacité de l'État de droit d'assurer la traduction effective du discours politique dans le champ juridique : dès lors qu'elles sont à l'origine d'un allongement du délai de traitement des contentieux ou ne permettent pas de garantir leur instruction dans les règles de l'art. Sans doute, les réformes menées depuis le tournant des années 2000 tendent-elles à atténuer les effets négatifs du manque de moyens humains de la justice par une nouvelle externalisation de la défense de l'État de droit vers des justiciables « empouvoirés ». Car c'est ainsi qu'on peut comprendre l'ouverture plus large de l'intérêt à intervenir à l'instance des associations de défense[34] ou de l'intérêt à agir

---

[31] CE, 12 mars 1975, *Sieur Bailly*, n° 91280.

[32] DELCAMP Alain (dir.), « L'évaluation législative : Un enjeu politique », La Documentation Française, 1995, p. 15. V. COMBRADE Bertrand-Léo, *L'obligation d'étude d'impact des projets de loi*, Dalloz, 2017.

[33] « La médiane s'établit à 17,6, la moyenne à 21,9. La France quant à elle ne compte que 11,3 magistrats, contre 12,2 en Italie, 14 en Belgique ou encore 24,17 en Allemagne » (« Rapport CEPEJ : La France toujours en dessous de la moyenne européenne », *Actu-juridique.fr*, 16 octobre 2024).

[34] CE, 25 juil. 2013, *OFPRA*, n° 350661.

des parties au litige, avec les aménagements désormais apportés au principe du caractère personnel du recours pour excès de pouvoir par le développement des actions de groupe[35]. Mais cette évolution est à certains égards neutralisée par les artifices procéduraux visant dans le même temps à réguler le flux des recours pour en réduire le stock[36], dès lors qu'ils reviennent à fermer le prétoire à certaines requêtes – en durcissant l'intérêt à agir[37] dans d'autres cas ; les délais d'action[38], voire l'obligation du ministère d'avocat[39].

La question de l'effectivité de la règle de droit pose ensuite celle de l'office des autorités de régulation ou du juge, et plus précisément des pouvoirs qui leur sont conférés pour assurer son respect. Certes, d'importantes réformes sont intervenues depuis les années 1980 pour leur permettre de frapper plus vite – via des pouvoirs de référé[40] ou la limitation du nombre de questions préjudicielles[41] – et plus fort – au travers des injonctions sous astreintes[42]. Mais ces évolutions semblent ne pas suffire au regard des nouveaux défis.

C'est pourquoi le juge administratif s'est pour sa part doté d'un contrôle d'un nouveau type, dit « de trajectoire »[43] du respect de l'accord de Paris, se présentant comme un examen « de conformité par anticipation », qui l'amène « à s'assurer, à la date à laquelle il statue, non pas que les objectifs ont été atteints, mais qu'ils pourront l'être »[44] ; et la raison pour laquelle il s'intéresse de plus en plus au caractère utile

---

[35] V. DECAUX Manon, *L'action de groupe devant le juge administratif*, Thèse droit public, Caen-Normandie Université, 2025.
[36] Sur cette question, voir notre ouvrage *Contentieux administratif*, Bréal, rééd. 2025, p. 219.
[37] CE, sect., 3 oct. 2008, *SMIRGEOMES*, n° 305420.
[38] CE, Ass., 13 juil. 2016, *Czabaj*, n° 387763.
[39] CE, sect., 22 avr. 2005, *Magerand*, n° 257406.
[40] Art. L. 521-1 s. CJA.
[41] TC, 17 oct. 2010, *SCEA du Chéneau c/ INAPORC*, *GAJA*.
[42] Art. L. 911-1 s. CJA. Sur ces questions, v. notre ouvrage *L'action éco(lo)nomique des collectivités publiques : ses enjeux, son droit, ses acteurs*, Legitech, 2024, n°s 69 et 103.
[43] CE, 1er juil. 2021, *Grande-Synthe*, n° 427301.
[44] LASSERRE Bruno., « Introduction », *in L'environnement : les citoyens, le droit, les juges. Regards croisés du Conseil d'Etat et de la Cour de cassation* (disponible à l'adresse : https://www.conseil-etat.fr/publications-colloques/discours-et-interventions/l-environnement-les-citoyens-le-droit-les-juges-introduction-de-bruno-lasserre-vice-president-du-conseil-d-etat).

de ses décisions, via par exemple l'inauguration d'un contrôle « dynamique »[45] de l'excès de pouvoir, lui permettant d'« apprécie[r] la légalité de » certaines décisions de l'administration « à la date où il statue et, s'il juge qu' » elles dont devenues illégales, » d' « en prononce[r] l'abrogation », lorsqu'il a été saisi de conclusions en ce sens[46].

Conclusion

S'interroger sur la relation de l'apparence et de la normativité juridique revient à réfléchir à la tension permanente qui existe entre les annonces politiques et les évolutions du droit et aux réformes à mener pour mettre les secondes en adéquation avec les premières (ou inversement).

À l'heure de la transition, prendre conscience de l'urgence de telles réformes n'est pas le moindre intérêt de ce colloque, si l'on veut qu'opère la magie du langage juridique de pouvoir changer les comportements individuels et collectifs, dans un sens conforme à l'intérêt général.

C'est pourquoi on ne peut que féliciter ses (jeunes) organisateurs de leur initiative. D'autant que l'on devine à travers elle une fidélité salvatrice à cette conviction d'Émile Zola : « Je crois que l'avenir de l'humanité est dans le progrès de la raison par la science ».

---

[45] Pour la première utilisation de l'expression, voir BRETONNEAU Aurélie, concl. sur CE, Ass., 24 févr. 2017, n° 391000, *AJDA* 2017. 436.

[46] V. CE, Ass., 19 juill. 2019, *Association des Américains accidentels*, n° 424216 et CE, sect., 19 nov. 2021, *Assoc. des avocats Elena France*, n° 437141. Sur cette question, voir CHARITE Maxime, « Dynamique, pas dynamite », *AJDA*, 2024, p. 1658.

L'APPARENCE IMPÉRATIVE DANS LE CONTRÔLE PAR LE JUGE ADMINISTRATIF DES PRATIQUES INFORMELLES

Julie PRALUS
Doctorante en droit public à l'Université Paris 1 Panthéon-Sorbonne

Résumé

En parallèle de ses modes d'action classiques, l'Administration recourt de plus en plus à des modes de communication informels – messages électroniques, publications sur les réseaux sociaux, annonces dans la presse, etc. Les spécialistes du droit assimilent bien souvent de tels supports à l'incitatif, au parajuridique. Cependant, qu'en est-il lorsqu'une pratique informelle se présente comme contraignante ? Pour l'administré, en effet, une pratique employant un ton impératif fera loi. Cette apparence impérative, loin d'être ignorée par le juge administratif, lui est un instrument particulièrement utile. Elle constitue à la fois un argument pour ouvrir les portes de son prétoire aux pratiques informelles, et une ressource pour mener son contrôle de légalité.

> « Le discours est un grand souverain qui avec le plus petit et le plus inapparent des corps performe les actes les plus divins. »
>
> Gorgias, *Éloge d'Hélène*[1].

Si le droit est traditionnellement présenté comme une matière littéraire, force est de constater que les juristes se méfient des mots. Les mots ne seraient qu'une apparence, toujours insuffisante. Insuffisante d'abord, parce qu'un énoncé ne créerait pas, par lui-même, une norme juridique. Son existence dépendrait de sa validité, c'est-à-dire de sa

[1] GORGIAS, *Éloge d'Hélène,* 82 B 11DK, §8, t. II, p. 290. Trad. Barbara Cassin, in Cassin Barbara, *Quand dire, c'est vraiment faire : Homère, Gorgias et le peuple arc-en-ciel*, Fayard, 2018, p. 81.

conformité aux normes supérieures[2] ou de son interprétation[3]. Insuffisante ensuite, parce que l'énoncé seul ne permettrait pas de saisir le sens d'une norme juridique. L'interprétation littérale ne serait qu'une méthode parmi d'autres[4], voire une simple illusion[5]. Finalement, le droit ne pourrait être compris qu'en dépassant les apparences ou, autrement dit, en dépassant la compréhension intuitive des énoncés.

Or, la méfiance des juristes envers les énoncés contraste avec la confiance que leur accorde le grand public. Un discours émanant d'une figure d'autorité, comme l'Administration, jouit d'une forte légitimité[6]. Il sera perçu comme contraignant lorsqu'il revêt une apparence impérative, soit lorsque son énoncé peut être compris comme une

---

[2] KELSEN Hans, *Théorie pure du droit*, Dalloz, 1962, p. 13 : « Par le mot "validité (*Geltung*)", nous désignons le mode d'existence spécifique des normes. » ; *Id.*, p. 258 : « Dans un système du [type statique], c'est en vertu de leur fond ou contenu que ses normes sont valables. » ; *Id.*, p. 261 : « [Dans un système du type dynamique, une norme juridique] est valable parce qu'elle est créée d'une certaine façon ».

[3] TROPER Michel, Pour une théorie juridique de l'État, PUF, 1994, p. 82 : « Déterminer la signification de ces énoncés, c'est donc, conformément aux définitions qui viennent d'être rappelées, déterminer les normes qu'ils sont supposés exprimer. On revient ainsi à la théorie réaliste : c'est l'interprète qui est le véritable auteur de la loi. ».

[4] GAUDEMET Yves, *Les méthodes du juge administratif*, LGDJ, 2014, p. 53 : « Il est donc conforme à la réalité de ne pas présenter la méthode exégétique comme un mode de raisonnement unique pour le juge administratif : une "École de l'exégèse" n'aurait aucun sens en droit administratif. Il reste que fréquemment le juge administratif a à se livrer à l'exégèse d'un texte, à faire, comme l'écrit François Gény, "le simple diagnostic de la volonté du législateur" ».

[5] TROPER Michel, Pour une théorie juridique de l'État, op. cit., p. 333 : « Le second élément est que, pour parler comme Hans Kelsen, l'interprétation est un acte de volonté et non pas un acte de connaissance. Cela tient d'abord au fait qu'il n'existe pas de signification objective susceptible d'être connue. ».

[6] DE BÉCHILLON Denys, *Qu'est-ce qu'une règle de droit ?*, Odile Jacob, 1997, p. 167-169 ; MONTAY Benoît, « Le Conseil d'état, la norme et le comportement : chronique d'une autre démolition inachevée. », *Droits,* 2016, n° 63, p. 210.

prescription selon les normes lexicales et grammaticales[7]. Cette « autorité de fait »[8] ne saurait être complètement ignorée.

Se pose alors la question de l'influence qu'exerce l'apparence impérative d'un discours sur sa normativité.

À cet égard, un type de discours suscite particulièrement l'intérêt : celui des « pratiques informelles » de l'Administration. Le terme « pratique » désigne ici tout mode de communication explicite, qu'il soit oral ou écrit, matérialisé ou dématérialisé[9] ; elle est dite « informelle » dans le cas où elle n'utilise pas un support classique du droit[10]. Les « pratiques informelles » sont donc entendues comme l'ensemble des discours de l'Administration n'étant pas exprimés dans les supports classiques que sont les ordonnances, les décrets, les arrêtés et les délibérations locales. Seront par exemple qualifiés comme telles une parole, un message électronique, une note de service, une lettre, ou encore une page de site internet.

Parce que ces pratiques émanent d'une figure d'autorité, il suffit qu'elles présentent une apparence impérative pour être perçues comme contraignantes par le grand public. Pourtant, aux yeux des professionnels du droit, peu d'éléments témoignent de leur normativité. Elles comportent rarement un visa, des motifs, un dispositif structuré en articles ; leur auteur n'est pas toujours identifiable ; la majorité du temps, aucune procédure n'a été suivie ; elles ne sont bien souvent pas publiées ou affichées dans des espaces spécifiques, ni notifiées avec les voies et délais de recours. Pour une grande partie d'entre elles, seul un énoncé prescriptif les rapproche de l'archétype de l'acte administratif[11].

---

[7] Ce qui peut se traduire par l'emploi du mode impératif, mais également par d'autres marqueurs d'impérativité (les verbes « ordonner », « devoir », etc.). V. : RICOEUR Paul, « Les implications de la théorie des actes de langage pour la théorie générale de l'éthique », in *Théorie des actes de langage, Éthique et droit*, PUF, 1986, p. 89-91.

[8] GAUDEMET Yves, « Les actions administratives informelles », *RIDC*, 1994, n° 46-2, p. 652.

[9] Ce terme est employé par une thèse portant sur ce sujet : MOCKLE Daniel, *Recherches sur les pratiques administratives pararéglementaires*, LGDJ, 1984, 623 p.

[10] Ce qui correspond à l'un des usages d'« informel » relevé dans l'article suivant : SAUNIER Sébastien, « Propos conclusifs : La doctrine et l'informel en droit administratif », *DA*, 2022, n° 8-9, §21.

[11] Sur la difficulté à classifier les pratiques informelles de publication dans les catégories théoriques traditionnelles, v. : GIRARD Anne-Laure, « Acte administratif

Dès lors, la question de l'influence de l'apparence impérative des pratiques informelles sur leur normativité se pose avec une particulière acuité.

Malgré ces caractéristiques, les pratiques informelles ne sont pas nécessairement entachées d'illégalité. L'Administration est par principe libre de la manière dont elle s'exprime[12]. Ces pratiques ont donc toujours existé. En revanche, leur importance se renouvelle depuis quelques années, sous l'influence de plusieurs facteurs.

D'abord, l'essor des nouvelles technologies et le mouvement de modernisation de l'Administration ont fait d'Internet et des réseaux sociaux des vecteurs privilégiés de diffusion ou de mise en œuvre des politiques publiques[13]. Les Administrations sont encouragées à s'en emparer, pour améliorer leur communication et leur représentation[14]. Les pratiques informelles se sont par voie de conséquence multipliées.

Ensuite, le nouveau management public et la recherche d'efficacité de l'action administrative incitent à recourir à de telles pratiques[15]. La souplesse de l'informel offre une action rapide et diffusée à large échelle, ce qui la rend susceptible de toucher davantage de personnes[16].

– Une brève histoire du contentieux des publications de l'Administration – réflexions au sujet des actes administratifs innommés », *DA*, 2024, n° 8-9, p. 15-17.

[12] Sauf règle contraire : SAUNIER Sébastien, *Recherche sur la notion de formalisme en droit administratif français*, PUF, 2007, p. 613-682 pour des exemples de contraintes formelles s'imposant à l'Administration.

[13] Les résultats de l'étude d'un observatoire sur la communication publique sont édifiants. En 2023, toutes les villes de plus 100 000 habitants, toutes les métropoles et toutes les régions disposent d'un compte institutionnel sur le réseau social « Facebook » (OBSERVATOIRE DE LA COMPUBLIQUE NUMÉRIQUE et SWELLO, *Réseaux sociaux et collectivités locales françaises, Étude 2023* [en ligne], p. 32, [consulté en avril 2025]).

[14] Sur ce mouvement : CHEVALLIER Jacques, « Vers l'État-plateforme ? », *RFAP*, 2018, n° 167, p. 627-637. V. entre autres : PREMIER MINISTRE, *Circulaire du 5 juin 2019 relative à la transformation des administrations centrales et aux nouvelles méthodes de travail*, Journal officiel, 6 juin 2019, n° 130 ; CONSEIL D'ÉTAT, *Étude annuelle 2022, Les réseaux sociaux : enjeux et opportunités pour la puissance publique,* Doc. fr., 2022, p. 241-243.

[15] CHEVALLIER Jacques, *L'État post-moderne*, LGDJ, 2023, p. 88-90. V. également la contribution dans le présent ouvrage : OGIEN Albert, « La normativité du raisonnement gestionnaire ».

[16] CONSEIL D'ÉTAT, *Étude annuelle 2022*, *op. cit.*, p. 160 : « En cas de crise, cet outil se révèle précieux pour transmettre des informations rapidement et son usage est

En outre, les rapports entre administrés et Administration se transforment et visent une meilleure prise en compte des individus[17]. Les pratiques informelles sont un moyen de « déverticaliser »[18] le droit en le rendant accessible sur des supports moins solennels pour les destinataires[19].

Enfin, ces pratiques permettent à l'Administration d'expliquer ou de diffuser les règles dans un contexte de complexification du droit et d'inflation normative[20].

Le développement des pratiques informelles s'accompagne d'un recours accru au juge administratif. L'étude de leur contrôle juridictionnel offre une perspective intéressante sur les liens entre leur apparence impérative et leur normativité. Les justiciables sont naturellement plus enclins à contester une pratique qu'ils pensent contraignante[21]. Par ailleurs, en ouvrant les portes de son prétoire aux pratiques informelles, le juge administratif participe de l'intensification

---

encouragé par l'association des maires de France ». V. : GIRARD Anne-Laure, « L'acte administratif hypermoderne », *RFDA*, 2023, p. 641-650 ; PAGET-BLANC Natacha, « Le droit souple et la pandémie. Pour une rationalisation de l'usage du droit souple en période de crise », in Dupré de Boulois Xavier et Philippe Xavier (dir.), *Gouverner et juger en période de crise*, Mare et Martin, 2023, p. 196-199. Pour les circonstances exceptionnelles, v. par ex. : l'affaire du blocage du service de communication au public en ligne dénommé « Tiktok » (CE, 1er avril 2025, *Ligue des droits de l'homme et autres*, n° 494511 ; CE, 24 septembre 2024, *Ligue des droits de l'Homme*, n° 494511).

[17] CHEVALLIER Jacques, *L'État post-moderne*, *op. cit.*, p. 93-95.

[18] GIRARD Anne-Laure, « Les nouveaux actes de l'administration : instrument et égarement de la qualité du droit », *Zbornik radova Pravnog fakulteta u Splitu*, 2023, n° 2, p. 411.

[19] CONSEIL D'ÉTAT, *Étude annuelle 2022*, *op. cit.*, p. 160 : « Les réseaux sociaux peuvent aussi, en sens inverse, permettre aux administrés de signaler des difficultés à leur collectivité ou poser des questions. Ils favorisent ainsi le rapprochement de la collectivité et de ses habitants et peuvent faciliter, à terme, l'identification des besoins des usagers. ».

[20] V. : TOUBOUL Charles, « La catastrophe sanitaire a-t-elle engendré une catastrophe normative ? », *JCP G*, 2021, supplément n° 3, p. 55 ; GIRARD Anne-Laure, « Les nouveaux actes de l'administration : instrument et égarement de la qualité du droit », *op. cit.*, p. 409-417 ; STOCLET Mathieu, « Réflexions sur le droit souple et la cohérence du droit », *Just. et CAss.*, 2023, p. 177-190 ; RENAUDIE Olivier, « Surveiller et punir : le côté obscur des recommandations de bonnes pratiques de la Haute autorité de santé », in *Droit, Santé, Éthique, Mélanges en l'honneur de Marie-Laure Moquet-Anger*, LGDJ, 2024, p. 386-388.

[21] GIRARD Anne-Laure, « L'acte administratif hypermoderne », *op. cit.*

de leur « force normative »[22]. Il reconnaît leurs effets et renforce, par son contrôle, leur légitimité[23]. Or, au sein des décisions dans lesquelles une pratique informelle est contestée, le champ lexical de l'apparence impérative ressort[24].

En découle une interrogation : quelles sont les conséquences de l'apparence impérative d'une pratique informelle sur son contrôle juridictionnel ?

L'analyse de la jurisprudence et des conclusions suggère que l'apparence impérative est un moyen pour le juge de soumettre les pratiques informelles à son contrôle. Deux étapes du raisonnement juridictionnel la mobilisent et retiennent, à ce titre, particulièrement l'attention[25].

---

[22] THIBIERGE Catherine, *La force normative, Naissance d'un concept*, Mare et Martin, 2009, 891 p. Sur cette idée, v. : DEFOORT Benjamin, *La décision administrative*, LGDJ, 2015, p. 76-80, §109-112 ; ZAGORSKI Wojciech, « Le juge de l'excès de pouvoir face à la densification normative provoquée par les circulaires », in Thibierge Catherine (dir.), *La densification normative, Découverte d'un processus*, Mare et Martin, 2013, p. 586-596 ; SERRAND Pierre, « La densification normative du fait du juge administratif », in Thibierge Catherine (dir.), *La densification normative, Découverte d'un processus*, *op. cit.*, p. 569-583 ; BENEZECH Ludovic, « Les actes de droit souple des autorités administratives, vers l'affermissement d'une portée normative », *RFDA*, 2024, p. 467-478.

[23] Rappr. THIBIERGE Catherine, *La force normative*, *op. cit.*, p. 822 ; 840-841.

[24] Ce constat résulte d'une recherche croisée sur les bases de données Légifrance et ArianeWeb, entre les champs lexicaux des expressions « apparence impérative » et « pratiques informelles ».

[25] Pour quelques travaux sur les pratiques informelles, traitant des aspects délaissés ici : DEBBASCH Charles, « Les modes non formels d'expression de la volonté de l'administration », *Rev. Adm.*, 1968, n° 125, p. 555-559 ; MOCKLE Daniel, *Recherches sur les pratiques administratives paraéglementaires*, *op. cit.* ; GAUDEMET Yves, « Les actions administratives informelles », *op. cit.*, p. 645-654 ; MASSOT Jean, « Décisions non formalisées et contrôle du juge de l'excès de pouvoir », in *L'État de droit, Mélanges en l'honneur de Guy Braibant*, Dalloz, 1996, p. 521-540 ; SEILLER Bertrand, « Les conseils donnés par des personnes publiques », *DA*, 2005, n° 11, p. 11-15 ; HAVAS Nathalie, « La parole saisie par le juge administratif », in Desaulnay Olivier (dir.), *La parole en droit public*, L'Épitoge, 2020, p. 197-213 ; LOMBARD Frédéric, « Les actes administratifs verbaux », in Desaulnay Olivier (dir.), *La parole en droit public*, *op. cit.*, p. 33-43 ; DE SILVA Isabelle, « L'informel en droit administratif : réflexions, illustrations », *DA*, 2022, n° 8-9, p. 38-43 ; BONNET Julien, « L'utilisation de la théorie du *nudge* dans la mise en œuvre des politiques publiques », *RDP*, 2023, n° 2, p. 333-349 ; GIRARD Anne-Laure, « L'acte administratif hypermoderne », *op. cit.*. [Dans le cadre d'une

En premier lieu, l'apparence impérative sert d'argument au juge administratif pour qualifier la pratique informelle d'acte faisant grief. Elle constitue une « affirmation présentée à l'appui d'une démonstration »[26]. Autrement dit, elle justifie que la pratique puisse faire l'objet d'un recours (I). En second lieu, l'apparence impérative est une ressource sur laquelle le juge administratif s'appuie lors du contrôle de la pratique informelle. Elle devient un « moyen permettant de se tirer d'embarras »[27]. En effet, elle est utilisée pour surmonter les difficultés propres à ce contrôle (II).

I. L'apparence impérative comme argument

Pour être contestée devant le juge administratif, une pratique informelle doit faire grief, c'est-à-dire produire des effets suffisamment importants[28]. Pour la qualifier ainsi, le juge administratif érige parfois l'apparence impérative comme critère suffisant, d'autres fois comme un indice parmi d'autres. L'argument de l'apparence impérative justifie alors l'existence d'effets juridiques (A) ou d'effets notables (B).

A. L'apparence révélatrice d'effets juridiques

Aux yeux du juge administratif, toutes les pratiques informelles ne produisent pas d'effets juridiques suffisants pour faire grief[29]. Lorsqu'il

---

mise à jour de l'article en vue de sa publication, nous souhaitons également signaler une thèse récemment soutenue : BOUDINARD ZABELETA Ackiel, L'acte administratif de droit souple. Essai de conceptualisation, thèse, Université Paris Panthéon-Assas, 2025, 864 p.].

[26] TLFi, « Argument », sur *CNRTL* [en ligne], [s.d.], [consulté en avril 2025].

[27] TLFi, « Ressource », sur *CNRTL* [en ligne], [s.d.], [consulté en avril 2025].

[28] SEILLER Bertrand, « Répertoire de contentieux administratif, Acte administratif : identification », §306-307, sur *Dalloz Revues* [en ligne], publié en juillet 2020, [consulté en avril 2025].

[29] Pour rejeter l'existence d'un grief, il peut, entre autres, qualifier les pratiques informelles de mesure d'ordre intérieur, d'acte préparatoire, de décision confirmative, de circulaire indicative, de réponse à une demande d'information (sur ces points, v. les travaux de : MASSOT Jean, « Décisions non formalisées et contrôle du juge de

veut reconnaître l'existence de tels effets, il utilise plusieurs procédés. Il peut notamment qualifier comme circulaire impérative une pratique diffusée au sein de l'Administration[30]. Il peut également déclarer qu'une pratique révèle l'existence d'une décision administrative de nature à faire grief[31]. Chaque fois, il s'appuie sur l'argument de l'apparence impérative. L'utilisation de cet argument (1.) permet de dévoiler son utilité (2.).

1. L'utilisation de l'argument

La diversité des utilisations de l'apparence impérative témoigne de son caractère argumentatif. Le juge administratif peut choisir d'y recourir comme de l'ignorer. Plusieurs hypothèses se distinguent.

Dans une première hypothèse, l'apparence impérative est une condition nécessaire et suffisante pour qualifier une pratique informelle comme un acte faisant grief[32]. De cette façon, le Conseil d'État affirme que les recommandations de la haute autorité de lutte contre les discriminations et pour l'égalité sont susceptibles de faire grief si elles

l'excès de pouvoir », *op. cit.*, p. 532-537 ; SEILLER Bertrand, « Les conseils donnés par des personnes publiques », *op. cit.* ; LAPAIRE Marie, *Les actes préparatoires, À la recherche d'une catégorie juridique*, L'Harmattan, 2023, 202 p. ; GUYONNET Jean-Baptiste, *Les réitérations de norme, Essai de conceptualisation à partir du contentieux administratif français*, Dalloz, 2024, 754 p.).

[30] Par ex. pour un message électronique : CE, 3 février 2016, *Conseil national de l'ordre des infirmiers*, n° 381203 ; pour un télégramme : CE, Ass., 28 juin 2002, *M. Villemain*, n° 220361.

[31] Pour des études récentes, v. : ALONSO Christophe, « Les décisions révélées en droit administratif », *RDP*, 2020, n° 5, p. 1223-1248 ; COSTA Delphine, « La décision démasquée », *AJDA*, 2021, p. 1093-1096. Ce procédé était déjà évoqué dans des études plus anciennes, v. : DEBBASCH Charles, « Les modes non formels d'expression de la volonté de l'administration », *op. cit.*, p. 558-559 ; MASSOT Jean, « Décisions non formalisées et contrôle du juge de l'excès de pouvoir », *op. cit.*, p. 537-539.

[32] Par ex. : CE, 15 octobre 2014, *Confédération nationale des associations familiales catholiques*, n° 369965, cons. 5. V. également : DAUMAS Vincent, concl. sur CE, 12 mai 2017, *Assemblée des départements de France et autres*, n° 397364 : « [l'instruction de service] contient des indications sur le sens de la loi, formulées sur un mode impératif, et c'est tout ce qui compte pour admettre la recevabilité du recours pour excès de pouvoir ».

sont « rédigées de façon impérative »[33]. C'est donc parce que la pratique informelle a une apparence impérative qu'elle peut faire l'objet d'un recours.

Dans une seconde hypothèse, l'apparence impérative est un indice parmi d'autres pour justifier qu'une pratique informelle produit des effets juridiques suffisants. Par exemple, le Conseil d'État juge qu'un rapport peut être regardé comme faisant grief « eu égard à sa formulation impérative *et* au rôle confié au Conseil national de l'ordre des médecins »[34]. L'apparence impérative est ici prise en compte au même titre que les missions de l'auteur.

Mais à l'inverse, se dessine une troisième hypothèse dans laquelle le juge refuse de reconnaître qu'une pratique informelle d'apparence impérative fait grief[35]. En ce sens, était contestée devant le Conseil d'État une instruction fiscale[36]. Elle se présentait comme impérative, rappelant l'assiette et les taux d'une contribution sociale spécifique. Le Conseil d'État juge pourtant qu'elle ne l'est pas et ne fait pas grief, faute pour les agents destinataires de disposer d'un pouvoir en la matière. Apparence impérative ne rime pas systématiquement avec effets juridiques.

Si le juge choisit parfois de retenir l'argument de l'apparence impérative, c'est en raison de ses avantages.

2. L'utilité de l'argument

L'apparence impérative est un argument particulièrement utile au juge administratif.

---

[33] CE, Sect., 13 juillet 2007, *Société Éditions Tissot*, n° 294195.

[34] CE, 17 novembre 2010, *Syndicat français des ostéopathes*, n° 332771 (nous soulignons).

[35] Par ex. : CE, 4 décembre 2019, *Fédération bancaire française*, n° 415550. Dans ses conclusions, qui ont été suivies, le rapporteur public admet que la formulation de l'avis « peut paraître présenter une apparence impérative » (BOKDAM Émilie, concl. sur CE, 4 décembre 2019, *Fédération bancaire française*, n° 415550). Pourtant, il considère que cela n'en fait pas une disposition générale et impérative de nature à faire grief. Le recours est malgré tout accueilli, sur le fondement de la jurisprudence *Fairvesta*.

[36] CE, 10 février 2023, *Association CIDEF*, n° 374927.

Premièrement, il lui permet de ne pas prendre en compte, dans son raisonnement, la volonté de la personne qui édicte la pratique[37]. Or, nombre de ces pratiques émanent de services qui n'ont pas pour fonction première d'élaborer des actes administratifs, comme des services de communication, de ressources humaines voire des cabinets de conseils privés[38]. En adoptant une pratique informelle, ils n'ont bien souvent pas l'intention d'exercer un pouvoir de décision[39].

Deuxièmement, l'argument de l'apparence impérative donne au raisonnement du juge administratif un caractère objectif. De prime abord, il prend acte de cette apparence et ne semble faire qu'une interprétation littérale de la pratique informelle qui lui est déférée. Pourtant, il intervient à deux étapes du processus : lorsqu'il sélectionne l'extrait d'apparence impérative de la pratique informelle, et lorsqu'il choisit de recourir – ou non – à l'argument de l'apparence impérative, par essence réversible[40]. Cet argument maquille les choix qu'opère le juge dans son contrôle[41].

Troisièmement, l'argument de l'apparence impérative permet d'offrir un traitement juridictionnel classique aux pratiques informelles. Ces pratiques s'éloignent, certes, des canons des actes administratifs. Néanmoins, la référence au caractère impératif de l'apparence, notion familière du juge[42], les rapproche de l'acte administratif type.

---

[37] Sur l'utilisation par le juge administratif de l'énoncé pour se détacher de l'intention des auteurs d'un acte : BIENVENU Jean-Jacques, *L'interprétation juridictionnelle des actes administratifs et des lois*, Éd. Panthéon-Assas, 2021, p. 76-80, spéc. p. 79-80.

[38] LASSALE Alice, « La communication administrative informelle, nouvelle mission de service public », *RFDA*, 2025, p. 109-118.

[39] En ce sens, v. : DE SILVA Isabelle, « L'informel en droit administratif : réflexions, illustrations », *op. cit.*, p. 39, §6. Par ex., v. : DE MONGOLFIER Jean-François, concl. sur CE, 6 février 2024, *M. C.* , n° 459106 : le message électronique litigieux provient d'un agent du service des ressources humaines qui pensait transmettre une information et « n'a pas eu le sentiment d'exercer un quelconque pouvoir de décision ».

[40] DEFOORT Benjamin, *La décision administrative*, *op. cit.*, p. 82, §115 ; pour la démonstration v. : *Id.*, p. 83-93. V. également : ALONSO Christophe, « Les décisions révélées en droit administratif », *op. cit.*, p. 1223-1248.

[41] BIENVENU Jean-Jacques, *L'interprétation juridictionnelle des actes administratifs et des lois*, *op. cit.*, p. 75-137.

[42] GIRARD Anne-Laure, *La formation historique de la théorie de l'acte administratif unilatéral*, Dalloz, 2013, p. 327-328, §332.

Ses effets juridiques ne sont pas la seule manière d'attester qu'une pratique informelle fait grief. Peuvent également être pris en compte d'autres types d'effets notables, dont l'apparence impérative témoigne là encore.

B. L'apparence créatrice d'effets notables

Dans ses jurisprudences *Fairvesta*[43], *Numéricable*[44] et *GISTI*[45], le Conseil d'État reconnaît qu'un acte fait grief s'il est susceptible d'entraîner des effets qui, sans nécessairement être juridiques[46], sont notables. Dans ce sillon, le juge administratif mobilise l'argument de l'apparence impérative lors du recours contre les pratiques informelles. Son raisonnement est le suivant : du fait de leur apparence, elles auront pour nature ou objet de produire des effets notables. L'utilisation par le juge de cet argument (1.) révèle une nouvelle fois son utilité (2.).

1. L'utilisation de l'argument

L'apparence impérative est parfois prise en compte, d'autres fois écartée du raisonnement. Ces variations confirment sa nature argumentative. Trois cas de figure se présentent.

Le juge administratif peut ériger l'apparence impérative comme critère suffisant pour démontrer qu'une pratique informelle produit des effets notables. Ainsi, le Conseil d'État était saisi d'un recours contre

---

[43] CE, Ass., 21 mars 2016, *Société Fairvesta International GmbH et autres*, n° 368082.

[44] CE, Ass., 21 mars 2016, *Société NC-Numéricable*, n° 390023.

[45] CE, Sect., 12 juin 2020, *Groupe d'information et de soutien des immigré.e.s*, n° 418142.

[46] Certains auteurs relèvent un glissement dans l'esprit du juge qui, outre les effets extra-juridiques, semble désormais également rechercher des effets juridiques « notables » dans le cadre de ces recours. V. : GUYONNET Jean-Baptiste, *Les réitérations de norme, Essai de conceptualisation à partir du contentieux administratif français*, *op. cit.*, p. 339, §636.

une cartographie diffusée sur le site internet d'une préfecture[47]. La carte était accompagnée de commentaires indiquant qu'elle était obligatoire pour les collectivités territoriales. Le rapporteur public, qui a été suivi dans ses conclusions, retient que cette carte fait grief. Les effets notables de ce document résultent, selon lui, des commentaires prescriptifs : en leur absence, il n'aurait eu aucun effet[48]. L'apparence impérative explique à elle seule la qualification de la pratique comme un acte faisant grief.

Le juge administratif peut aussi prendre en considération d'autres éléments que l'apparence. Un exemple topique est le contentieux relatif aux modèles d'attestation de déplacement pendant la crise sanitaire, qui se présentaient comme impératifs[49]. Le Conseil d'État juge qu'ils ont des effets notables, se fondant à la fois sur leur apparence impérative, sur leur mode de publication et sur leur auteur[50]. Dans cette hypothèse, l'apparence impérative n'est pas décisive mais elle participe de la caractérisation des effets notables.

Le juge administratif peut enfin refuser d'admettre qu'une pratique informelle d'apparence impérative est de nature à produire des effets notables. En ce sens, le Conseil d'État confirme qu'un courriel du ministère de l'intérieur ne fait pas grief[51]. Ce courriel était pourtant

---

[47] CE, 13 juillet 2023, *Ministre de la transition écologique et de la cohésion des territoires*, n° 455800, not. cons. 4.

[48] HOYNCK Stéphane, concl. sur CE, 13 juillet 2023, *Ministre de la transition écologique et de la cohésion des territoires*, n° 455800 : « On peut parfaitement imaginer qu'une carte d'aléa exactement similaire à celle en cause ici soit considérée comme ne faisant pas grief, parce qu'elle serait accompagnée d'un commentaire indiquant qu'il s'agit d'une version de travail, par exemple en vue d'une procédure de consultation. ».

[49] Les modèles d'attestation sont encore en ligne sur le site <www.justice.gouv.fr>. Ils sont présentés comme étant « nécessaires pour circuler ». L'apparence des attestations simplifiées, à destination des personnes en situation de handicap, est particulièrement évocatrice. En ligne sur le site <www.design.gouv.fr>, il y est indiqué : « Je remplis cette attestation chaque fois que je sors. C'est la loi pour le coronavirus. Les policiers peuvent me la demander. ».

[50] CE, 22 décembre 2020, *M. B. A*, n° 439996. En ce sens, v. : MELKA Marie-Paule, « Le droit souple à l'épreuve de la crise sanitaire », *Just. et CAss.*, 2023, p. 37-50 ; COSTA Delphine, « La décision démasquée », *op. cit.*

[51] CE, 21 juillet 2022, *Fédération des employés et cadres Force ouvrière*, n° 449388. Il considère que le courriel « se borne à répondre à une demande d'information » et qu'il « ne saurait être regardé comme constituant un document de portée générale

formulé de manière impérative : il rappelait la doctrine administrative du ministère sur l'interprétation à retenir d'un arrêté relatif à la réglementation des jeux dans les casinos. Le juge passe donc outre l'apparence impérative de la pratique.

Lorsque l'argument de l'apparence est mobilisé, c'est parce qu'il présente plusieurs intérêts.

2. L'utilité de l'argument

L'apparence impérative dispose d'une utilité spécifique pour le juge administratif.

D'abord, elle lui permet d'inscrire son raisonnement dans une logique familière. Le critère des effets notables innove et ouvre « à d'autres horizons disciplinaires »[52]. L'argument de l'apparence crée un lien entre cette nouvelle méthode et la notion classique d'impérativité.

Ensuite, la référence à cet argument objective la recherche d'effets notables. Cette recherche se fait, selon les termes du Conseil d'État, « au cas par cas »[53], dans une démarche que l'on peut qualifier de téléologique[54]. La référence à l'apparence de la pratique informelle donne une assise à la démonstration : chacun en perçoit l'impérativité, le choix du juge est oublié derrière une déduction qui paraît logique.

Enfin, l'argument de l'apparence impérative légitime ce nouveau courant jurisprudentiel. Il en fait un instrument de protection des administrés à l'encontre des croyances erronées. Le juge prend désormais explicitement en considération tout ce qui est susceptible d'influer, voire de tromper, sur la compréhension du droit.

---

susceptible d'avoir des effets notables sur les droits ou la situation des établissements de jeux ou de leurs salariés ».

[52] BARBIN Émilie, « Un prétendant au titre de critère de l'acte administratif : présentation du "finaliste" », *DA*, 2023, n° 10, p. 10-14.

[53] CONSEIL D'ÉTAT, *Rapport public, activité juridictionnelle et consultative des juridictions administratives en 2019,* Doc. fr., 2020, p. 85.

[54] COSTA Delphine, « Juger de la légalité du droit souple », in Defoort Benjamin (dir.), *Juger de la légalité administrative, Quel(s) juge(s) pour quelle(s) légalité(s) ?*, LexisNexis, 2021, p. 92, §180.

En définitive, l'apparence impérative d'une pratique informelle est un argument utilisé lors de l'examen de son grief. Elle soutient le raisonnement et l'extension de l'office du juge. Si les autres conditions d'ouverture du recours sont remplies, le contrôle de la pratique informelle pourra être opéré. L'apparence impérative se mue alors en ressource.

II. L'apparence impérative comme ressource

La pratique informelle constitue un objet juridique original. Son contrôle soulève plusieurs difficultés que l'apparence impérative permet de surmonter. Elle justifie l'intervention du juge administratif, incarne la pratique informelle et ouvre la voie à un traitement juridictionnel classique. L'apparence impérative est une ressource fondant l'examen de sa légalité (A) et la sanction de son illégalité (B).

A. Un examen de légalité fondé sur l'apparence

L'examen de la légalité des pratiques informelles ne saurait être identique à celui des actes administratifs classiques. Elles sont un moyen indispensable pour une administration efficace. Le risque est qu'un contrôle trop strict rigidifie le recours à cet instrument et qu'il soit délaissé par l'Administration au profit de nouvelles méthodes[55]. Il faut donc trouver un juste équilibre. Dans cette visée, l'apparence impérative de la pratique est prise en compte par le juge : c'est une

[55] Comme ce fut le cas pour la circulaire, v. : PREMIER MINISTRE, *Circulaire du 5 juin 2019 relative à la transformation des administrations centrales et aux nouvelles méthodes de travail*, « VI. […] En deuxième lieu, les circulaires de commentaires ou d'interprétation de la norme sont des outils du passé inadaptés aux nécessités de notre époque marquées par la transparence et l'accès immédiat et partagé à l'information. En conséquence, je vous demande de remplacer ces circulaires, comme c'est parfois déjà le cas, par la mise à disposition d'une documentation, régulièrement tenue à jour, sur les sites internet de vos ministères. ».

ressource qui oriente l'examen de légalité. La compréhension de l'utilité qu'elle présente (1.) éclaire l'utilisation qui en est faite (2.).

1. L'utilité de la ressource

Admettre qu'une pratique informelle peut faire l'objet d'un examen de légalité, c'est admettre qu'elle s'insère dans la hiérarchie des normes et qu'elle doit respecter les principes de juridicité et d'indisponibilité des compétences. Cette affirmation soulève deux questions que l'apparence impérative permet de résoudre.

La première difficulté réside dans la justification d'un examen de légalité, souvent plus large que celui expressément prévu par les sources écrites du droit[56]. Sans ce contrôle, toutefois, les risques de « désordre normatif »[57] seraient importants. Les pratiques informelles d'apparence impérative pourraient être perçues comme des modèles de comportement à suivre, quand bien même elles ne seraient pas conformes au droit. Afin de prévenir cette situation, il faut admettre que les pratiques informelles sont soumises à des exigences minimales de conformité à l'ordre juridique déterminées au cas par cas[58].

La seconde difficulté de l'examen de la légalité porte sur ce qui doit, dans la pratique informelle, faire l'objet d'un contrôle. L'apparence impérative offre un point d'appui au juge[59]. Seront déterminées, par

---

[56] Pour un ex. d'affaire dans laquelle une règle de compétence est posée par un texte, v. : CE, 5 juillet 2022, *M. B..*, n° 448711. Un auteur commentant cet arrêt souligne que cette hypothèse est exceptionnelle, et que l'élaboration des actes de droit souple n'est bien souvent pas encadrée (TESTARD Christophe, « Le contentieux de la fonction publique, révélateur de la nature du droit souple », *AJFP*, 2025, p. 71-77).

[57] PAULIAT Hélène, « La contribution du droit souple au désordre normatif », RDP, 2017, n° 1, p. 59-70. V. également : STOCLET Mathieu, « Réflexions sur le droit souple et la cohérence du droit », *op. cit.*

[58] Ce qui pose question sur la position du Conseil d'État, qui juge que le moyen tiré de la méconnaissance de l'objectif de valeur constitutionnelle de clarté et d'intelligibilité de la norme ne peut être utilement invoqué à l'encontre d'une circulaire interprétant des dispositions législatives (CE, 27 janvier 2025, *Mme A. et autres*, n° 492376).

[59] DUMORTIER Gaëlle, « À la recherche d'un recours souple pour le droit souple », *Just. et CAss.*, 2023, p. 27-36 ; BENEZECH Ludovic, « Les actes de droit souple des autorités administratives, vers l'affermissement d'une portée normative », *op. cit.*

rapport à elle, les règles de forme, de procédure, de compétence et de fond qui composent le régime juridique de la pratique informelle.

L'apparence impérative fonde l'examen de légalité de la pratique informelle, d'où l'utilisation de cette ressource par le juge.

2. L'utilisation de la ressource

Le juge administratif réalise son examen de légalité en s'appuyant sur l'apparence impérative de la pratique informelle. Cette apparence indique les règles qui ne doivent pas être manifestement contredites.

Du fait de son apparence impérative, une pratique informelle peut être soumise au respect de règles de compétence. En principe, en raison de son caractère informel, une certaine souplesse est observée[60]. Le juge impute parfois à l'autorité administrative compétente une pratique qui, à l'origine, n'émanait pas d'elle[61]. D'autres fois encore, il exige simplement que la pratique relève du champ matériel des missions de son auteur[62]. À l'inverse, sous peine d'illégalité, le juge administratif peut attendre de l'auteur d'une pratique informelle qu'il dispose d'un pouvoir réglementaire, à cause de son apparence impérative[63].

---

[60] Pour les pratiques informelles qualifiées de droit souple : DAUMAS Vincent, concl. sur CE, Ass., 21 mars 2016, *Société NC-Numéricable*, n° 390023 : « Bien sûr, vous devrez apprécier sa compétence pour prendre des actes de droit souple d'une manière elle-même empreinte d'une certaine souplesse : puisqu'en général, les actes attaqués ne seront pas prévus par les textes, la compétence de l'autorité pour les édicter résultera rarement de leur lettre. ». Pour une pratique informelle qualifiée de décisoire : DOMINGO Laurent, concl. sur CE, 24 septembre 2024, *Ligue des droits de l'Homme*, n° 494511 : « puisque cette décision n'est pas formalisée, on ne peut savoir avec certitude quand précisément, par qui et sur quel fondement elle a été prise. C'est donc faute de mieux qu'il y a lieu d'admettre que la décision de bloquer l'accès au réseau Tiktok a été prise par le Premier ministre, en vertu de son pouvoir de police administrative générale et en raison des circonstances exceptionnelles ».

[61] Par ex. : CE, 6 février 2024, *M. C... A... et autre*, n° 459106, cons. 6.

[62] Pour les actes de droit souple notamment : déduit de la décision CE, Ass., 21 mars 2016, *Société Fairvesta International GmbH et autres*, n° 368082 par DUMORTIER Gaëlle, « À la recherche d'un recours souple pour le droit souple », *op. cit.*

[63] CE, 15 mars 2017, *Association Bail à part, tremplin pour le logement*, n° 391654 ; CE, 10 juin 2021, *Syndicat national des journalistes et autres*, n° 444849.

L'irrégularité pourrait également être d'ordre formel ou procédural, bien que cela soit rare[64]. Le juge administratif se fonde sur ce qui semble impératif dans la pratique informelle[65]. Si l'apparente obligation ne pouvait être adoptée qu'en suivant certaines formes et procédures, la pratique informelle sera viciée[66].

Enfin, l'apparence impérative d'une pratique est susceptible de créer une illégalité interne lorsqu'elle contredit une norme supérieure. Le juge tolère une marge d'approximation : il ne condamne pas toujours l'absence de conformité parfaite entre la pratique et le droit[67]. Il relève en revanche les contradictions importantes[68]. C'est le cas, par exemple, d'un communiqué de la Communication de régulation de l'énergie qui impose de conclure des contrats d'électricité dans des conditions différentes de celles prévues par le code de l'énergie[69]. Il doit être regardé comme méconnaissant les dispositions de ce code, et est déclaré illégal.

Après l'examen de légalité de la pratique informelle, le juge administratif sanctionnera son éventuelle illégalité. L'apparence impérative est, pour cette étape encore, une ressource.

---

[64] Par ex. : CE, 5 mars 1948, *Roche*, Rec. 112 : même si une loi imposait la forme d'un arrêté pour licencier un fonctionnaire, une telle mesure pouvait être adoptée par une lettre sans que cela n'entache la décision d'un vice, dès lors qu'une telle lettre « ne se distinguait d'un arrêté que par une simple différence de rédaction » Pour d'autres ex., v. : SAUNIER Sébastien, *Recherche sur la notion de formalisme en droit administratif français*, *op. cit.*, p. 619-624 et spéc. note n° 475.

[65] SAUNIER Sébastien, *Recherche sur la notion de formalisme en droit administratif français*, *op. cit.*, p. 614 : « La matière de l'acte juridique a alors une incidence sur sa forme juridique. ».

[66] V. : COSTA Delphine, « Juger de la légalité du droit souple », *op. cit.*, p. 106, §222-223. Pour un ex. de contrôle de vice de forme : CE, 10 novembre 2016, *Mme E... et autres*, n° 384691, cons. 6-7. Pour un ex. de contrôle de vice de procédure : CE, Ass., 21 mars 2016, *Société NC-Numéricable*, n° 390023, cons. 9-10.

[67] Par ex. : DE MOUSTIER Esther, concl. sur CE, 8 avril 2022, *Syndicat national du marketing à la performance et autre*, n° 452668 : « La circonstance que les "foires aux questions"[sont] le plus souvent des instruments de vulgarisation qui peuvent assumer, pour favoriser l'intelligibilité de leur contenu, un certain degré d'approximation, [...] nous semble [...] devoir être prise en compte pour déterminer les modalités du contrôle que vous exercerez sur de tels actes. ».

[68] Par ex. : CE, ord., 3 mars 2021, *Mme E... B... et autres*, n° 449759.

[69] CE, Sect., 13 juillet 2016, *Société GDF Suez*, n° 388150.

B - Une sanction de l'illégalité fondée sur l'apparence

Les pratiques informelles relèvent majoritairement de domaines situés aux confins du droit, tels que le politique[70], l'économie[71], la science[72] ou encore la communication[73]. De même, leur support n'est pas naturellement associé à celui de la norme juridique. Le droit rencontre de ce fait des difficultés à les appréhender, la sanction par le juge de l'illégalité d'une pratique informelle interroge. L'apparence impérative est alors une ressource qui guide son intervention. Une nouvelle fois, son utilité (1.) permet de comprendre l'utilisation qui en est faite (2.).

1. L'utilité de la ressource

La légitimité des sanctions du juge administratif tient à deux éléments. D'un point de vue théorique, il doit être fondé à intervenir : l'affaire doit relever de ses attributions. D'un point de vue pratique, son intervention ne doit pas rester lettre morte : elle doit présenter une utilité concrète. Or, sur ces aspects, la sanction de l'illégalité des pratiques informelles interroge. L'apparence impérative offre une réponse adéquate.

D'abord, l'apparence impérative justifie l'octroi d'un pouvoir de sanction au juge administratif. De prime abord, l'objet des pratiques informelles relève d'autres domaines que le domaine juridique. Dès

---

[70] MAMOUDY Olga, « *Verba manent :* annulation pour excès de pouvoir d'une décision "révélée" par un discours politique », *JCP G*, 2017, n° 19-20, p. 931-932.

[71] BOITEAU Claudie, « Le contentieux du droit souple au prisme de la régulation économique », *Just. et CAss.*, 2023, p. 13-26.

[72] RENAUDIE Olivier, « Le contentieux du droit souple en santé mentale : quels enseignements ? », *Just. et CAss.*, 2023, p. 51-60 ; BIOY Xavier, « Retour sur la notion de décision médicale », *Droit, Santé, Éthique, Mélanges en l'honneur de Marie-Laure Moquet-Anger*, *op. cit.*, p. 69-73 ; RENAUDIE Olivier, « Surveiller et punir : le côté obscur des recommandations de bonnes pratiques de la Haute autorité de santé », *op. cit.*, p. 388-390.

[73] LASSALE Alice, « La communication administrative informelle, nouvelle mission de service public », *op. cit.*

lors, en sanctionnant leur illégalité, le juge dépasse son rôle traditionnel pour se rapprocher de celui d'un administrateur[74]. Un garde-fou est toutefois nécessaire pour prévenir les débordements de l'Administration. Sans limite à l'emploi de l'impératif, elle pourrait utiliser l'autorité que lui confère l'ordre juridique pour instaurer un ordre normatif parallèle[75]. Il lui suffirait de recourir aux pratiques informelles d'apparence impérative pour être obéie. Le champ d'intervention du juge administratif doit être ajusté en conséquence pour prévenir ce risque.

Ensuite, la sanction du juge administratif est tournée vers l'apparence impérative des pratiques informelles. Ces dernières sont diffusées rapidement à un large public. Sous peine d'être inutile, la sanction de leur illégalité doit revêtir la même portée[76]. Pour que sa décision présente un intérêt, le juge s'appuie sur l'apparence impérative de la pratique informelle. Il annule, modifie ou suspend l'énoncé présenté comme impératif. Son intervention peut ainsi neutraliser les effets néfastes de la pratique d'apparence impérative illégale.

Le juge administratif utilise la ressource de l'apparence impérative pour fonder son pouvoir de sanction.

2. L'utilisation de la ressource

La sanction juridictionnelle de la pratique informelle illégale neutralise les effets néfastes de son apparence impérative.

---

[74] ALONSO Christophe, « Les décisions révélées en droit administratif », ; BOITEAU Claudie, « Le contentieux du droit souple au prisme de la régulation économique », *op. cit.*

[75] LACHAUME Jean-François, *La hiérarchie des actes administratifs exécutoires*, LGDJ, 1966, p. 76-78 ; GAUDEMET Yves, « Les actions administratives informelles », *op. cit.*, p. 652-653 ; MALVERTI Clément et BEAUFILS Cyrille, « La littérature grise tirée au clair », *AJDA*, 2020, p. 1407-1416 ; BONNET Julien, « L'utilisation de la théorie du *nudge* dans la mise en œuvre des politiques publiques », *op. cit.* ; LOUVARIS Antoine, « Le droit souple a trouvé ses juges : un foisonnement régulé », *Just. et CAss.*, 2023, p. 191-208.

[76] En ce sens, SEILLER Bertrand, « Le contrôle du juge administratif sur les actes composant le "droit souple" », *Gaz. Pal.*, 2016, n° 22, p. 31 : « L'effectivité des actes en cause reposant principalement sur l'autorité de leur auteur et leur large diffusion, leur annulation devra s'efforcer de l'effacer. ».

Premièrement, le juge administratif veille à la bonne application du droit par l'annulation de la pratique informelle et de ses énoncés impératifs non-conformes. L'énoncé d'apparence impérative est directement visé par le dispositif de la décision juridictionnelle, il incarne la pratique[77]. Ce faisant, l'Administration est incitée à faire preuve de prudence avec les mots qu'elle emploie[78].

Secondement, le juge administratif évite la propagation de fausses croyances sur la teneur impérative de la pratique informelle, grâce à deux outils complémentaires[79]. D'une part, il peut suspendre la pratique informelle. Ainsi, par référé-suspension, le Conseil d'État a interrompu l'exécution d'une note de service d'un directeur d'hôpital diffusée à certains de ses agents[80]. Cette note posait des interdictions à certains agents de son service, en méconnaissance du droit positif. La suspension permet au juge d'éviter que les agents ne se conforment cette interdiction factice. De la même manière, par référé-liberté, il a suspendu la note du ministère de la santé qui interdisait illégalement les sorties des résidents d'EHPAD lors de la crise sanitaire[81].

D'autre part, le juge peut ordonner à l'Administration de modifier la pratique informelle illégale, parfois en communiquant expressément à propos de cette modification. Le public, averti, ne croira alors plus en l'impérativité de la pratique informelle[82]. Une telle « action en

---

[77] Par ex. : CE, 10 juin 2021, *Syndicat national des journalistes*, n° 444849 : « Article 3 : Sont annulés : [...] le point 2.2.4 de ce schéma national du maintien de l'ordre ». Ce point 2.2.4 comportait l'énoncé impératif suivant : « dès lors qu'ils sont au cœur d'un attroupement, ils *doivent* [...] obtempérer aux injonctions des représentants des forces de l'ordre » (nous soulignons).

[78] MAMOUDY Olga, « *Verba manent :* annulation pour excès de pouvoir d'une décision "révélée" par un discours politique », *op. cit.*, p. 933.

[79] Il remédie ainsi aux critiques formulées à l'encontre du contrôle juridictionnel des actes de droit souple. V. par ex. : SEILLER Bertrand, « Le contrôle du juge administratif sur les actes composant le "droit souple" », *op. cit.* : « S'ils ne sont pas rejetés, [les recours] aboutiront au mieux à une décision d'annulation dont l'effectivité ne sera guère assurée tant les milieux concernés conserveront la mémoire de l'acte initialement émis. ».

[80] CE, ord., 15 juillet 2022, *Syndicat CGT Médecins-Ingénieurs-Cadres-Techniciens du centre hospitalier de Perpignan et autre*, n° 458208.

[81] CE, ord., 3 mars 2021, *Mme E. B. et autres*, n° 449759.

[82] ODINET Guillaume, concl. sur CE, Sect., 12 juin 2020, *Groupe d'information et de soutien des immigré.e.s*, n° 418142 : « l'annulation d'une page internet ou intranet

communication réparatrice »[83] peut être obtenue par référé-liberté. De cette façon, le gouvernement a été contraint de rendre publique, « par un moyen de communication à large diffusion », l'information selon laquelle l'usage de la bicyclette était autorisé pendant le confinement[84]. Cette communication a permis de rectifier les nombreuses pratiques informelles du gouvernement qui laissaient penser que cet usage était interdit. La correction d'une pratique informelle d'apparence impérative peut également être obtenue par voie d'injonction[85]. En ce sens, le Conseil d'État a enjoint à l'Agence nationale de sécurité du médicament et des produits de santé de diffuser sur son site l'information selon laquelle une de ses recommandations d'apparence impérative n'était plus en vigueur[86]. Néanmoins, le juge n'usera de ce pouvoir que lorsque l'apparence impérative de la pratique trompe ses destinataires sur l'état du droit. Ce n'est pas le cas si la pratique informelle ne touche qu'un auditoire restreint qui est aisément averti de la censure juridictionnelle et a facilement accès aux bonnes informations[87]. Ce n'est pas le cas non plus si, au jour du jugement, l'Administration a déjà remplacé l'énoncé de la pratique informelle par un nouvel énoncé conforme au droit[88].

---

ne trouve de portée véritable – au-delà de l'énoncé de la juste interprétation du droit – que dans l'obligation d'effacer ou de modifier le contenu de cette page ».

[83] DUMORTIER Gaëlle, « À la recherche d'un recours souple pour le droit souple », *op. cit.*

[84] CE, ord., 30 avril 2020, *Fédération française des usagers de la bicyclette*, n° 440179, cons. 10.

[85] Cette possibilité était déjà prévue dans l'arrêt CE, Ass., 21 mars 2016, *Société Fairvesta International GmbH et autres*, n° 368082, cons. 4.

[86] CE, 4 décembre 2019, *Fédération des entreprises de la beauté*, n° 416798, cons. 7. V. également : CE, 23 décembre 2020, *Association Autisme Espoir vers l'école*, n° 428284, cons. 5. Les motifs de la décision imposent à la Haute Autorité de santé d'actualiser ses bonnes pratiques, et, le temps de leur mise à jour, d'indiquer sur son site qu'elles sont obsolètes. En cas de non-respect de cette obligation, le juge pourrait donc reconnaître que l'abstention est fautive et enjoindre à communiquer à ce propos.

[87] CE, ord., 15 juillet 2022, *Syndicat CGT Médecins-Ingénieurs-Cadres-Techniciens du centre hospitalier de Perpignan et autre*, n° 458208, cons. 9. La note de service du directeur de l'hôpital avait été transmise à un nombre limité d'agents. Le syndicat à l'origine du recours pouvait aisément rectifier les informations illégales auprès d'eux.

[88] CE, 19 juillet 2017, *Société Menarini France*, n° 399766, cons. 29. La page internet du site avait déjà été modifiée et remplacée par de nouvelles fiches, cette fois-ci conformes au droit.

Conclusion

À la lumière de ces analyses, il est désormais possible de revenir sur les deux interrogations qui ouvraient la réflexion.

La première portait sur les conséquences de l'apparence impérative d'une pratique informelle sur son contrôle. Sur ce point, l'apparence impérative légitime l'intervention juridictionnelle en justifiant l'ouverture du prétoire et en fondant le contrôle. Elle constitue un instrument aux mains du juge administratif, qu'il met au service de son raisonnement et qu'il emploie à sa guise.

La seconde interrogation portait sur l'influence de l'apparence impérative d'un discours de l'Administration sur sa normativité. À cet égard, l'apparence impérative renforce cette normativité. Pour l'Administration d'abord, c'est une manière d'influer sur les comportements en érigeant son discours en un modèle à suivre. Pour le juge ensuite, l'apparence impérative est un vecteur de juridicisation du discours : elle permet de le soumettre à une qualification, à un régime juridique et à un traitement juridictionnel classiques.

LA NORMATIVITÉ DU RAISONNEMENT GESTIONNAIRE
Les apparences de l'efficacité

Albert OGIEN
Directeur de recherche émérite au CNRS – CEMS-EHESS

Résumé

Cette contribution se propose d'analyser le caractère normatif du raisonnement gestionnaire tel qu'il s'applique dans le domaine des finances publiques. L'argument qu'il expose est qu'un nouvel ordre du politique fondé sur un principe d'efficacité tiré d'un modèle de quantification gestionnaire s'est insensiblement imposé dans les pays développés. Ce nouvel ordre y a modifié l'exercice du pouvoir en l'assujettissant à une logique de numérisation assise sur un traitement homogène de données dites « interopérables ». En France, ce raisonnement, présenté comme objectif mais qui s'accompagne d'une forte charge axiologique, s'est incarné dans la LOLF en provoquant la colonisation du discours juridique par des notions et catégories descriptives appartenant au raisonnement gestionnaire. Cette contribution examine les effets de ce phénomène sur les pratiques du droit public.

Introduction

Avant d'en venir à l'objet de ce texte, une petite clarification conceptuelle au sujet de la normativité s'impose. On sait que cette notion sert à postuler la conformité d'un fait ou d'un phénomène à ce qu'ils devraient être. Elle est donc essentielle à tout travail scientifique, puisqu'elle justifie la possibilité de produire une explication et, le cas échéant, de formuler des lois[1]. Pour les sciences sociales, la conformité est appréhendée à partir d'un phénomène : l'obligation, qui s'observe de façon empirique en constatant la remarquable régularité que les conduites humaines manifestent[2]. Dans les descriptions que ces

[1] CANGUILHEM Georges, *Le normal et le pathologique*, PUF, 2013 (1966).
[2] CHAUVIRE Christiane et OGIEN Albert , *La régularité. Habitude, disposition et savoir-faire dans l'explication de l'action*, Ed. de l'EHESS (Raisons Pratiques 13), 2002.

sciences en font, cette régularité est tenue pour procéder de régimes de contraintes (sociales, légales, économiques, psychologiques ou cognitives) qui exercent leur ascendant conceptuel sur les membres d'une société et les informent de ce qu'ils ne peuvent pas ne pas faire dans une situation donnée – ce qui laisse ouverte la possibilité de se soustraire à ces contraintes lorsque les circonstances le permettent ou y invitent[3]. La normativité sociale est donc plus affaire de convenance que de déterminisme. Vue sous cet angle, trois propriétés la caractérisent : 1) elle est dynamique et en évolution constante, et non pas stable et fixée de toute éternité ; 2) elle définit un horizon d'attentes réciproques pour chacune des personnes engagées dans la réalisation d'une activité particulière – et c'est cette réciprocité des perspectives qui assure la fluidité des échanges qui les réunissent ; 3) elle admet que, dans toute société, une pluralité d'ordres normatifs coexistent en permanence en suscitant des conflits de préséance et de loyauté qui se règlent de façon pratique dans le cours de l'action en commun.

Ces trois propriétés valent également pour le domaine du droit – sous une condition particulière toutefois –. L'institution judiciaire est chargée de faire appliquer un corps de lois et de règlementations auquel tous les membres d'une société doivent se plier, de façon mécanique, volontaire ou fictive[4], afin de garantir la paix civile. Or, comme Jean Carbonnier l'a rappelé, le droit ne régit pas l'ensemble des comportements sociaux. Il couvre uniquement les secteurs de l'action humaine sur lesquels il a juridiction officielle et n'a pas prise sur ce très vaste domaine du « non-droit » qui ordonne, de façon informelle mais organisée, le gros des relations ordinaires entre individus :

« Le non-droit [...] est l'absence de droit dans un certain nombre de rapports humains où le droit aurait eu vocation théorique à être présent. Ce n'est pas, bien entendu, l'anti-droit, le droit injuste, qui est un phénomène positif. Ce n'est pas non plus le sous-droit, tel qu'il peut se produire dans la sous-culture de certains groupements particuliers. Les phénomènes que l'on qualifie d'infra-juridiques [...] apparaissent comme du droit dégradé, à tout le moins imparfait (parce que non

[3] OGIEN Albert, *Sociologie de la déviance*, PUF, 2017.

[4] Au sens de la maxime « nul n'est censé ignorer la loi ».

étatique) : ce sont, en tout cas, eux aussi des phénomènes positifs. Le non-droit, au contraire, une négativité, une absence caractéristique »[5].

Pour Carbonnier, cette négativité est la marque de faits qu'il qualifie de « juridiquement indifférents ». Mais cette indifférence ne signifie pas que ces faits ne sont pas soumis à une normativité. Elle indique que celle-ci prend la forme de « critères » que les personnes utilisent comme base d'inférence et d'action afin d'ajuster en permanence ce qu'ils font ensemble relativement à des finalités qui se transforment sans cesse. Comme le dit John Dewey :

« La référence au futur ne correspond pas à une prédiction de ce qui se passera mais à quelque chose qui *doit* ou *devrait* se produire. On peut dire que la proposition énonce une norme, mais "norme" doit être simplement comprise au sens d'une condition à laquelle les formes définies d'une action future devront se conformer [...] Toute forme récurrente d'activité, qu'elle soit artistique ou professionnelle, développe des règles qui indiquent la meilleure façon d'atteindre les fins-en-vue [*ends-in-view*] de cette activité. Ces règles servent de critères ou de "normes" pour juger de la valeur des différents modes de conduite » [6].

Dans la zone de « non droit », c'est donc aux individus en train d'agir de concert qu'échoit la responsabilité d'attribuer une certaine autorité aux normes à l'aide desquelles ils s'orientent. Il leur faut donc déployer un raisonnement pratique afin d'accommoder leur action aux exigences propres à chacun des multiples ordres normatifs dans lesquels elle s'inscrit. Ce texte va donc traiter du croisement de deux de ces ordres : ceux du droit et de la politique. Pour commencer, on peut identifier les formes actuelles de la normativité politique.

---

5 CARBONNIER Jean, « L'hypothèse du non-droit », *Archives de philosophie du droit*, 1963.
6 DEWEY John, *La formation des valeurs*, Paris La Découverte, 2011, p.99.

I. Le nouvel ordre normatif du politique

Il est devenu banal de constater que, dans les régimes démocratiques modernes, la définition et l'administration des politiques publiques sont façonnées par les méthodes de quantification et de traitement de l'information que le management public a introduit dans le travail de l'État. La conséquence de ce changement est une manière particulière de faire usage de la statistique.

Si celle-ci est et a toujours été une affaire d'État[7], elle a cessé d'être la production d'une connaissance permettant d'exercer un pouvoir sur l'étendue d'un territoire et sur l'ensemble de ses ressortissants (séries stables isolant des évolutions lentes ou des tendances émergentes qui matérialisent un espace national unifié) pour devenir un instrument dans une stratégie dite de « modernisation de l'État » [8]. Dans cette stratégie, le recours au chiffre vise explicitement à assujettir l'activité de gouvernement à un principe : l'efficacité. Ce principe affirme qu'une allocation de ressources (ou une décision) peut être optimale, c'est-à-dire la meilleure possible relativement aux conditions qui définissent un état du monde et à l'information disponible sur cet état. Cela requiert de disposer de données permettant d'établir une relation mesurable entre la mise en œuvre d'une décision publique et la dépense qu'elle engendre. Une fois cette relation établie, on peut calculer l'efficacité de cette décision (le maximum d'effet au plus faible coût) et ériger le résultat de ce calcul en impératif à remplir[9].

Ce modèle de quantification gestionnaire instaure une nouvelle forme d'exercice du pouvoir : « gouverner au résultat » – en entendant la notion de résultat au sens particulier de mesure du degré de réalisation des objectifs chiffrés à l'aide d'indicateurs de performance –. Il faut spécifier ce qui différencie le « gouvernement au résultat » de la « gouvernance par les nombres » proposée par Alain Supiot[10]. Dans

---

7 DESROSIERES Alain, *L'argument statistique*, vol I : *Pour une sociologie historique de la quantification*, Presses de l'Ecole des Mines, 2008.

8 SULEIMAN Ezra, *Le démantèlement de l'État démocratique*, Ed. du Seuil, 2005.

9 OGIEN Albert, *L'Esprit gestionnaire. Une analyse de l'air du temps*,, Ed. de l'EHESS, 1995.

10 SUPIOT Alain, *La gouvernance par les nombres*, Fayard, 2015.

ses analyses, le rapport que le nombre entretient avec le droit reste abstrait et théorique :

« Le bon usage de la quantification suppose donc un sens de la mesure, que le droit peut contribuer à maintenir ou restaurer, en imposant le respect du principe du contradictoire dans l'élaboration et l'interprétation des nombres affectés d'une force normative »[11].

Le chiffre peut cependant être appréhendé à partir de la suite des opérations requises pour le produire et l'afficher. Quand on adopte cette approche pratique, on découvre que toute activité de quantification prend place dans un « système du chiffre », c'est-à-dire un cadre technique, conceptuel et institutionnel qui définit l'objet du travail arithmétique ou statistique au terme duquel la description objective d'un fait répond aux attentes spécifiques de ceux et celles qui l'ont effectuée[12]. Il existe ainsi de nombreux de systèmes du chiffre au sein d'une même société. On peut cependant les regrouper en deux grands types, selon que le modèle mathématique qui les construit a, pour reprendre une distinction établie par Giorgio Israel[13], une visée descriptive ou une visée de contrôle. Dans le premier cas (c'est typiquement celui de l'activité scientifique), les modèles mathématiques cherchent à rendre compte de la manière objective de l'existant pour en expliquer la présence, en dévoiler les mécanismes de reproduction et, éventuellement, en prédire la fin. Dans le second cas (c'est typiquement celui de l'activité de production industrielle ou administrative), « le but principal de ces modèles n'est pas de décrire la réalité, mais de déterminer un ensemble de règles qu'il faut *imposer* à la réalité pour la façonner selon certains objectifs » [14]. Thierry Martin a précisé les deux caractéristiques du modèle utilisé dans la quantification de l'action publique :

« D'une part, [...] le raisonnement que déploient les mathématiques de l'action ne va pas des causes vers les effets, donc du présent vers le futur, mais des conséquences futures possibles vers les moyens présents de les engendrer... D'autre part, il n'appartient pas à l'analyse mathématique elle-même de définir le but assigné à l'action, mais

---

11 *Op. cit.*, p. 411.

12 OGIEN Albert, *Désacraliser le chiffre dans l'évaluation du service public*, Quae, 2013.

13 ISRAEL Giorgio, *La mathématisation du réel. Essai sur la modélisation mathématique*, Ed. du Seuil, 1996.

14 *Op. cit.*, p. 87.

seulement, ce but étant posé, d'analyser les différentes solutions possibles permettant de l'atteindre, et d'identifier celle qui permet au mieux d'accorder les moyens mis en œuvre à l'objectif visé »[15].

La quantification gestionnaire requiert la standardisation et l'homogénéisation des données que les administrations recueillent afin de les rendre « interopérables » [16]. Ce préalable permet ensuite de croiser, pour chaque politique publique ou chaque institution, trois séries de comptages : ceux relatifs à l'activité globale (performance), aux dépenses qu'elle engendre (coût par unité) et aux personnes qui la réalisent (productivité individuelle). Ces données parcellisées sont ensuite recomposées par des algorithmes conçus par des services spécialisés afin de fournir les chiffres directement traduits en normes de l'activité de gouvernement. Au terme de cette entreprise, dirigeants et manageurs disposent des moyens de rendre la moindre dépense pleinement « efficace », au sens où chaque « produit » (de santé, d'éducation, de justice, de recherche, de police, etc.) serait offert au meilleur rapport qualité/prix et où son rapport coût/avantage serait constamment calculé pour savoir s'il est nécessaire de continuer à l'offrir ou à y renoncer.

La croyance dans l'objectivité absolue du chiffre confère une rationalité indiscutable à la quantification gestionnaire. Ce qui disparaît de cette rationalité, c'est la série de décisions qui en ont déterminé le contenu. Un voile d'ignorance tombe sur le fait que des choix politiques doivent être effectués afin de fixer les modalités d'action publique qu'il convient de soumettre à calcul ; de définir les paramètres et variables retenus dans la construction de la base de calcul qui servira de matrice à la production des chiffres escomptés ; d'élaborer les algorithmes utilisés pour livrer une « information » de gestion utile. On peut comprendre que la réalisation de ces procédures de recueil et de traitement des données (hypothèses, estimateurs, catégorisations, pondérations, lissages, etc.) soit laissée aux mains d'experts et de spécialistes et se trouve soustraite au débat public et à la critique des

---

[15]MARTIN Thierry, « Mathématiques de l'action et réalité empirique », *in* Martin Thierry (dir.), *Mathématiques et action publique*, INED, 2000.

[16] Le passage à l'interopérabilité est réglementé par le *Référentiel Général d'Interopérabilité–version 1.0.*, DGME, 12 mai 2009 (www.modernisation.gouv.fr).

citoyens et de leurs représentants. Cette disparition pose toutefois une question essentielle au droit public : quel est le statut juridique des normes chiffrées au nom desquelles un jugement est prononcé ? Telle est la question à laquelle l'entrée en vigueur, en 2006, de la Loi Organique relative aux Lois de Finances (LOLF) a subitement donné une actualité.

II. La numérisation du politique

Dans cette « nouvelle constitution financière » de la France qu'est la LOLF, le budget s'organise autour d'une trentaine de « missions » au lieu d'être distribué par ministère[17]. Chacune de ces missions regroupe trois à cinq « programmes » (qui sont des politiques publiques concernant un ou plusieurs ministères), eux-mêmes subdivisés en « actions » pour lesquelles des objectifs quantifiés sont définis dont le degré de réalisation est mesuré par des indicateurs de performance[18]. Cette représentation de l'action de l'État s'accompagne d'un bouleversement de l'architecture de gouvernement. La LOLF instaure en effet la fonction de « Responsable de Programme », recruté sur appel d'offres, qui doit proposer au Parlement un « Projet Annuel de Performance » (PAP) dont la bonne exécution est validée après l'examen du « Rapport Annuel de Performance » (RAP) qu'il lui remet en fin d'exercice. Pour mener à bien sa tâche, le Responsable de Programme dirige une petite équipe composée « d'une cellule de pilotage budgétaire, d'une cellule de pilotage des ressources humaines et d'une cellule de contrôle de gestion ». Il supervise l'activité d'un « Responsable du Budget Opérationnel de Programme » (RBOP) dont le travail consiste à faire respecter la programmation des crédits, de telle sorte que les résultats obtenus correspondent bien à ceux de la prévision. Ce responsable désigne à son tour des « Responsables d'Unités Opérationnelles » (RUO), chargés de mettre en œuvre la programmation et d'engager les « actions » en affectant les crédits qui

17 Cette section reprend des éléments tirés de OGIEN Albert, « La valeur sociale du chiffre », *Revue française de socio-économie*, 5, 2010.

18 La LOLF contient 120 programmes. Quant aux indicateurs, il y en avait 1400 en 2006 et leur nombre n'a cessé de diminuer depuis. Il y en a près de 800 aujourd'hui.

lui sont attribués. Dans cette chaîne hiérarchique inédite chargée d'appliquer la logique du résultat et de la performance, le Responsable de Programme rend compte de son activité non pas à un Ministre, mais au Parlement, qui doit évaluer la manière dont il a accompli sa tâche sur la base des résultats obtenus[19]. Ce changement appelle le remplacement de la comptabilité nationale par une comptabilité analytique et patrimoniale s'apparentant à celle des entreprises[20]. Et pour coiffer le tout, la LOLF confie à la Cour des Comptes la tâche de rendre un rapport d'audit annuel sur la totalité de l'exécution du budget de la Nation. La visée de ce dispositif est explicitée dans un rapport de la Commission des finances de l'Assemblée nationale :

« Le texte même de la LOLF ne prévoit pas de tenue de comptabilité analytique. Elle impose la tenue de trois comptabilités : une comptabilité budgétaire, une comptabilité d'exercice et une « comptabilité d'analyse des coûts (CAC) [...permettant] chaque année au Parlement dans les PAP et les RAP de disposer d'une présentation plus fine que la comptabilité budgétaire en opérant la réaffectation de certaines dépenses (fonctions support, délégation de gestion) afin de les imputer sur la mission ou le programme principal porteur d'une politique publique à coût complet. Couramment pratiquée dans les entreprises commerciales, la comptabilité analytique [...] permet de suivre les dépenses organisées selon certains axes d'analyse préalablement définis, afin d'élaborer des tableaux de bord contenant des ratios de gestion (coût d'une fonction, coût d'un acte, coût d'un agent). Elle fournit au gestionnaire les données nécessaires au contrôle de gestion, autrement dénommé l'aide au pilotage par la performance. C'est par la comptabilité analytique que l'on établit un lien entre

---

[19] La LOLF a fait naître une contradiction : si elle préfigure la fin des ministères, la résistance que cette fin annoncée a suscitée s'est traduite par des démarches qui, un peu à l'encontre de l'esprit de la loi, ont cherché à préserver leur pouvoir. C'est ainsi que les directeurs d'Administration centrale se sont portés candidats aux postes de Responsables de Programme et que leur nomination à contribuer à reconduire un peu de l'autorité de leur Ministre.

[20] COLASSE Bernard, « La régulation comptable entre public et privé », in *Les normes comptables internationales, instruments du capitalisme financier*, La Découverte, 2005.

comptabilité d'enregistrement et le dispositif de performance (objectifs et indicateurs). »[21]

La LOLF a été votée à la quasi-unanimité par la représentation nationale. C'est que les nouvelles normes financières auxquelles les administrations sont tenues de se plier ont été conçues comme le moyen de permettre au Parlement de contrôler effectivement l'action du gouvernement, de favoriser des choix budgétaires éclairés, de laisser une plus grande agilité à la gestion, de réduire le coût de l'État et d'améliorer la qualité du service à ses usagers. Elle devait également permettre, avec la mise en service d'un logiciel comptable unique pour les trois fonctions publiques (CHORUS), une économie gagée sur la réduction de 350 000 postes de fonctionnaires. Vingt années après l'entrée en vigueur de cette « révolution » gestionnaire, ses concepteurs constatent qu'elle n'a pas vraiment porté ses fruits. Comme l'écrit l'un d'eux :

« D'une nouvelle constitution financière qui visait la réforme de l'État par la performance, en s'appuyant sur les résultats et non sur les moyens, il est résulté une batterie gigantesque d'indicateurs totalement indifférents au Parlement qui persiste à vouloir infléchir le budget initial alors que c'est la fonction de l'Exécutif [...] Les principes fondateurs, qui visaient un changement de logique, une confiance *a priori*, une culture de résultats plus que de moyens, un élan managérial, des pratiques innovantes, de nouvelles responsabilités avec des marges de manœuvre élargies, ont été dévitalisés par un appareillage bureaucratique bloquant »[22].

Au fil du temps, les ambitions de la LOLF ont très largement été remisées, faisant place à un certain désenchantement :

« Les règles de gestion ont été assouplies et les pouvoirs des gestionnaires de crédits ont été accrus [mais ils] subissent encore d'importantes contraintes : le contrôle budgétaire a priori n'a pas disparu ; les crédits délégués aux responsables territoriaux sont encore trop souvent fléchés vers une affectation précise ; les responsables de programmes n'ont pas, ou peu, de pouvoir sur certaines sources de financement des politiques de l'État [...] ; leur visibilité sur les crédits

---

[21] BOUVARD Michel *et al.*, *Rapport d'information sur les systèmes d'information financière de l'Etat* (n°1807), Assemblée nationale, 2009.

[22] LAMBERT Alain, « Vingt ans après la LOLF, quels leviers pour la transformation publique ? », *Expressions*, Institut Montaigne, 22 mars 2021.

dont ils pourraient disposer à un horizon pluriannuel est souvent trop faible […] Les projets et rapports annuels de performance, avec leurs objectifs et leurs indicateurs ou leur "justification au premier euro", ont très peu contribué à améliorer les performances de l'État. Le "volet performance" de la LOLF est un échec » [23].

Ce qui, par contre, a bien réussi, ce sont la mise en chiffres intégrale de l'action publique, l'interopérabilité des systèmes d'information et son corollaire : la numérisation du politique, qui structure de plus en plus étroitement les pratiques quotidiennes de l'administration.

III. Le droit public face à la numérisation du politique

Une des conséquences de la numérisation du politique passe un peu inaperçue. Elle tient à ce que, dorénavant, c'est *dans* la décomposition d'une action publique en variables et paramètres pertinents et *dans* l'élaboration d'algorithmes de recomposition de ces données disparates que la nature des tâches administratives et l'étendue des missions de service public sont évaluées et redessinées en raison de nécessités fixées de façon aléatoire par les dirigeants et généralement ignorées des agents qu'elles concernent. C'est également sur ce fondement que se redéfinissent le fonctionnement d'une institution ou d'un établissement comme les conditions d'exercice d'un métier (celui d'enseignant, de professeur, de médecin de chercheur, de policier ou de juge). Et ces transformations finissent par prendre la force de l'évidence dans la routine des saisies et des traitements informatiques qui se réalisent de manière automatique une fois le dispositif « calibré ». C'est ainsi que la numérisation rend possible l'assujettissement direct de la décision politique à une information construite à partir de données qui, parce qu'elles sont stockées dans des bases rendues compatibles, peuvent être traitées et retraitées à la demande, selon les circonstances et sans limite dans le temps.

Les conséquences de ce bouleversement de l'ordre normatif du politique sont notoires : colonisation du discours par des notions et des

---

[23] ECALLE François, « Le vingtième anniversaire de la LOLF », *Les commentaires d'actualité*, FIPECO, 28 juillet 2021.

catégories descriptives appartenant au raisonnement gestionnaire (prix, produit, efficacité, concurrence, optimisation, autorité, agilité, objectifs, responsabilité, prime au mérite) ; intégration des fonctions de régulation, d'expertise (audit, évaluation, études de faisabilité et d'impact, etc.) et de communication (transparence, stratégie de vente, etc.) à l'activité administrative ; disparition de la réflexion sur les fins de l'action conduite (puisqu'elles sont définies par la quantification) et acceptation de l'idée que tous les moyens sont bons pour parvenir à remplir l'objectif fixé (qui est juste par nature, puisque l'objectivité du chiffre le pare de cet attribut essentiel : être optimal)[24]. Tout cela affecte également la perception de la réalité : à force de se servir des notions d'efficacité, de compétitivité, de résultat, de flexibilité, de performance et d'évaluation, le recours à d'autres notions tend à s'effacer, comme celles de sens du travail bien fait, valeur de la vie, épanouissement, autonomie, souveraineté professionnelle, confiance, sécurité. Et cet effacement s'accentue à mesure que l'habitude s'installe d'employer ce lexique porté par la langue de la numérisation.

Dans ce mouvement, l'efficacité est devenue un opérateur conceptuel qui appartient à une forme de raisonnement pratique dont la normativité repose sur le fait que le chiffre est la source des règles qui ordonnent l'action des administrations l'État. Dans ce cadre, la prise de décision publique se trouve subordonnée à des « réalités informationnelles », c'est-à-dire des entités statistiques idéalisées dont la valeur est confortée par la mesure des résultats des services et de leurs agents à l'aide d'indicateurs de performance.

L'omnipotence que la LOLF a conférée à la quantification pose un problème à la pratique du droit public. Elle suscite en effet, lorsque le cas s'y prête, une tension entre l'ordre normatif de la gestion (régi par le principe d'efficacité) et l'ordre normatif de la solidarité (régi par les principes d'égalité et de fraternité). Et s'il en va ainsi, c'est que les réalités informationnelles qui structurent à présent le travail de l'État sont des construits statistiques dont il est possible de remettre en cause la fabrication (que peu de gens comprennent) et de réfuter le bien-fondé lorsqu'ils motivent des arrêts ou des prescriptions.

Imaginons par exemple qu'un justifiable, un syndicat ou une association de défense des services publics dépose une plainte devant un tribunal administratif en contestant le chiffre au nom duquel une

[24] MULLER Jerry Z., *La tyrannie des métriques*, Markus Haller, 2020.

prescription ou une sanction ont été prises, le juge pourrait-il exiger de l'administration poursuivie de livrer tous les documents relatifs aux opérations de numérisation d'où procède la normativité au nom de laquelle cette prescription ou cette sanction ont été formulées ? Voilà qui nous fait revenir à la question de l'apparence et de la normativité en droit public, en soumettant cette hypothèse à la réflexion : en reconnaissant sans examen la validité d'une norme chiffrée au nom de laquelle des mesures attentatoires au fonctionnement du service public ou à la vie de ses agents sont prises, le juge ne se retranche-t-il pas indolemment derrière ce qu'on peut nommer les « apparences de l'efficacité » qui investissent cette norme d'une autorité irréfutable au prétexte qu'elle repose sur une objectivité que rien ne permet de mettre en doute *a priori* ?

Conclusion

En forme de conclusion, je voudrais rapporter cette question à celle du caractère impératif des « pratiques informelles » des autorités administratives tel qu'il a été examiné par Julie Pralus au sein de cet ouvrage[25]. De ses analyses au sujet de tous les « discours de l'Administration n'étant pas exprimés dans les supports classiques que sont les ordonnances, les décrets, les arrêtés ou les délibérations locales » (c'est-à-dire les communiqués, *posts* sur les réseaux, guides, SMS, conseils au guichet, renseignements téléphoniques, etc.), on peut tirer une sorte d'analogie entre l'apparence d'efficacité portée par les normes chiffrées et l'apparence impérative des « actes administratifs verbaux » [26]. Cette analogie invite à se demander si un juge pourrait retenir le caractère abusif ou illégal d'un grief consécutif à l'inexactitude des données de quantification invoquées pour incriminer un service ou un agent n'ayant pas rempli les objectifs fixés par une disposition légale ou réglementaire. Pour illustrer cette interrogation,

[25] PRALUS Julie, « Le contrôle juridictionnel des discours d'apparence impérative des autorités administratives », dans le présent ouvrage.
[26] Dans la définition qu'en donne LOMBARD Frédéric, « Les actes administratifs verbaux », *in* Desaulnay Olivier (dir.), *La parole en droit public*, L'Epitoge, 2020.

on peut considérer la décision du Tribunal administratif de Toulouse du 27 février 2025 au sujet des projets d'autoroute A69 et d'élargissement de l'autoroute A680 entre Tarbes et Toulouse. Pour justifier l'annulation de l'autorisation de déroger aux règles de protection de l'environnement et des espèces protégées qui avait été octroyée aux concessionnaires par les Préfets de Haute Garonne et du Tarn en 2023, le jugement fonde son argumentation sur la remise en cause des données produites par des cabinets experts afin d'étayer cette demande de dérogation au nom l'intérêt de ces projets pour le territoire et ses habitants. Dans ses attendus, la validité des chiffres que les entreprises responsables de ces chantiers avaient avancés pour établir la nécessité de désenclaver le bassin Castres-Mazamet, d'améliorer la sécurité routière, de désengorger la circulation sur cet axe et fixer la tarification applicable lorsque l'équipement sera réalisé a été méthodiquement démontée et des chiffrages contraires invalident les données fournies à l'appui de chacun de ces aspects du projet[27].

Ce jugement donne un aperçu de la manière dont le raisonnement juridique peut subjuguer le raisonnement gestionnaire dès lors qu'il s'empare de façon résolue d'un objet qui semble lui être étranger par construction : le caractère objectif des normes chiffrées qui commandent l'action publique. La question reste cependant ouverte de savoir si les praticiens du droit public auront réellement l'envie et le loisir de pénétrer le détail d'une activité de quantification qui fait vivre la promesse de décisions fondées sur la science. D'autant que ce choix heurte des routines institutionnelles bien installées : pour preuve, l'État a immédiatement fait appel du jugement du Tribunal administratif de Toulouse qui rend illégal un chantier déjà largement avancé et fait droit aux revendications de groupes activistes qui s'y sont opposés et contre lesquels les forces de maintien l'ordre ont multiplié les opérations de répression et d'intimidation. Et, avant même que ce recours en appel n'ait été examiné, le Sénat a voté une loi de validation rétroactive qui, au nom d'une « raison impérative d'intérêt public majeur », autorise les dérogations aux prescriptions environnementales et défie les attendus du Tribunal administratif[28].

---

[27] V. *Tribunal administratif de Toulouse*, jugement n°2303830 du 27 février 2025.

[28] « Autoroute A69 : les députés rejettent le texte visant à sécuriser le projet pour accélérer son examen », *Le Monde*, 2.06.2025.

La normativité du raisonnement gestionnaire les apparences de l'efficacité

Il y a dans cette réaction des autorités et de la représentation nationale comme une sorte de rappel dissuasif : le juge doit être averti de la témérité et des coûts[29] de certaines de ses décisions. Mais la justice peut-elle encore être rendue en se fiant simplement aux apparences de l'efficacité ?

[29] Pour la collectivité comme pour sa carrière.

PROPOS CONCLUSIFS

Sébastien HOURSON
Professeur de droit public à l'Université Paris Nanterre
Directeur du Centre de recherche en droit public (CRDP – EA 381)

L'expérience des manifestations scientifiques est implacable. Bien souvent, il est préférable de s'abstenir de prononcer des conclusions. Après une riche journée de contributions variées, c'est un moment où sévit une certaine fatigue. C'est aussi le temps offert à une forme de nostalgie, temps que l'on pourrait sans perte laisser suspendu. C'est enfin prendre le risque inévitable de mal conclure, de trahir les pensées, de faire transparaître des approximations quant au sens des travaux, voire quant à l'intention des organisateurs. Et la perplexité exprimée par Pierre Brunet quant à la synthèse de la seule troisième table de ce colloque a provoqué chez moi – qui doit faire la synthèse de la journée – un sentiment profondément vertigineux.

Voilà pourquoi chacun aurait compris la volonté de contourner l'obstacle. Pour ce faire, rien de plus efficace que l'utilisation d'une vieille technique éprouvée de « sabordage scientifique ». Il suffit de considérer sèchement que le droit, opposé de façon radicale à la réalité tangible des faits, n'est jamais que représentations et apparences. De sorte que l'apparence serait partout et nulle part, à la fois, en droit. Le sujet aurait été vidé de son objet ; j'aurais été dispensé de conclure ! Outre l'impertinence du procédé, cette journée mérite que la réflexion soit prolongée, avec ces conclusions, et surtout bien au-delà.

Ce colloque fut, d'abord, le choix d'une judicieuse représentation pour donner son apparence au thème de la présente recherche. En retenant pour affiche une célèbre photographie de Jeff Wall – cette « chambre détruite » réalisée en 1978 – les organisateurs ont assumé une traduction imagée décapante de l'apparence. Œuvre énigmatique, elle suggère au premier regard une impression forte de chaos, de désordre artificiel, comme le droit peut nourrir les fictions. Une apparence statique, qui laisse néanmoins apercevoir une antériorité, une dynamique de construction, de mise en scène théâtrale, comme se construit la normativité en droit public. Naturellement, nous sommes bien loin de la pyramide kelsénienne, qui entend traduire la rationalité pure d'un système normatif. Nous sommes bien loin, aussi, de la logique gouvernant le réseau des normes[1].

Cette apparence du désordre demeure profondément mystérieuse. D'une part, cela peut dissimuler une forme d'organisation, de hiérarchisation, que ne saurait traduire la surface apparente des choses. D'autre part, cela peut manifester l'incohérence ou la complexité intrinsèque des choses, notamment à travers leur profusion, laquelle est remarquable dans la photographie qui a servi de décor à ce colloque. En définitive, cette représentation artistique semble transcender les réflexions produites au sein des différentes contributions à travers une réflexion essentielle : « *Apparaître, ou ne pas apparaître ? Telle serait la question* ».

Ce colloque fut, ensuite, le choix d'une thématique très ambitieuse et presque mystérieuse. Premièrement, le sujet est apparu assez original, car l'apparence est confrontée à la normativité juridique. D'emblée, Olivier Renaudie n'a guère cherché à jouer le suspense en relevant que cela témoigne « d'une certaine audace, mais également d'une prise de recul et d'un regard critique sur le droit public contemporain ». Or, au risque de la caricature, on évoque plus volontiers l'apparence dans un monde de faits. Ainsi, pour une doctrine majoritaire, elle est « ce qui apparaît d'une personne, d'une chose, de faits matériels, la manière dont ils se présentent à nos yeux »[2]. Dans les travaux de cette journée, le rapprochement avec le monde des normes donne à voir une autre apparence. Mais il montre, en creux, la porosité manifeste entre apparence factuelle et apparence normative.

Deuxièmement, le cadre scientifique est accroché au droit public. Il offre un contrepoint à un sujet souvent – de manière assez surprenante, peut-être – attaché au droit privé. Que l'on songe à la théorie du « mandat apparent » ou encore à l'établissement de la « possession apparente ». Plusieurs travaux doctoraux civilistes ont, du reste, fouillé la question en montrant toute richesse de l'apparence de l'autre côté de

---

[1] V. OST François et VAN DE KERCHOVE Michel, *De la pyramide au réseau ? Pour une théorie dialectique du droit*, Publications des Facultés universitaires Saint-Louis, 2002.

[2] JOBARD-BACHELLIER Marie-Noëlle, « Apparence », *in* Alland D. et Rials S. (dir.), *Dictionnaire de la culture juridique*, PUF/Lamy, 2003, p. 76.

la rive juridique, en particulier dans cette maison de la montagne Sainte-Geneviève[3]. Toutefois, c'est un sujet qui n'est nullement inconnu du droit public. Comment donc oublier la fameuse application européenne de cette « théorie des apparences »[4] dans les arrêts *Kress*[5] puis *Martinie*[6] ; qui a fait changer le visage du commissaire du Gouvernement, pour garantir le procès équitable. Nul doute que cette journée portera, pour le moins, le témoignage d'une considération croissante pour l'apparence en droit public.

Troisièmement, l'intitulé initialement retenu laisse perplexe quant à l'utilisation du singulier. Pourtant, la diversité est partout présente et la succession des contributions réunies dans le présent ouvrage s'avère révélatrice. Il existe plusieurs formes de normativité, lesquelles furent soulignées finement, en guise d'introduction, par Abraham Le Guen, comme une sorte d'intrigue liminaire. Maria Savranina a, quant à elle, travaillé ces diverses normativités, au-delà de l'obligation, de la sanction, pour déceler dans « l'apparence de normativité » un « levier fondamental des dynamiques démocratiques, comme vecteur de légitimité, tout en présentant un risque de fragilisation de la norme lorsqu'elle est exacerbée[7]. Plus largement, il suffit de considérer les sources, les substances, les textures, les effets, pour concevoir la norme comme un phénomène pluriel ; pluralité que les études du jour ne méconnaissent d'ailleurs jamais. Il existe surtout plusieurs formes

---

[3] Mentionnons, à titre illustratif, LABAGNY-LAGOA Agnès, *Théorie générale de l'apparence en droit privé*, th., Paris 2, 2001 ; DANIS-FATÔME Anne, *Apparence et contrat*, th., Paris 1, 2002, LGDJ, Bibliothèque de droit privé, n° 414, 2004 ; JABBOUR Rhéa, *La discrimination à raison de l'apparence physique (lookisme) en droit du travail français et américain : approche comparatiste*, th., Paris 1, 2013 ; MATTIUSSI Julie, *L'apparence de la personne physique : pour la reconnaissance d'une liberté*, th., Paris 1, 2016, LEH, vol. 27, 2018.

[4] V. par ex., sur une lecture comparée et historique de cette théorie, GANDREAU Stéphanie, « La théorie de l'apparence en droit administratif : vertus et risques de l'importation d'une tradition de Common Law », *RDP*, 2005, p. 319 : « l'influence croissante, en droit administratif, d'une théorie de l'apparence d'inspiration britannique « importée » par le biais de la Cour européenne des droits de l'homme, est à la fois porteuse et révélatrice de mutations profondes de la perception de la justice et du droit dans notre pays ».

[5] CEDH, 7 juin 2001, *Kress c/ France*, n° 39594/98, *AJDA*, 2001, p. 675, note F. Rolin.

[6] CEDH, 12 avr. 2006, *Martinie c/ France*, n° 58675/00, *AJDA*, 2006, p. 900 entretien B. Genevois, p. 986, note F. Rolin.

[7] V. la contribution de Maria SAVRANINA au sein de cet ouvrage.

d'apparence, utilement explicitées et mobilisées par Marta Torré-Schaub[8]. Elles peuvent être reliées au fait que l'apparence résulte sociologiquement d'un rapport au soi et à l'autre. Il s'agit d'un creuset de la reconnaissance sociale emplie de subjectivité supposée, de visible et d'invisibilisé, comme l'a exposé de manière convaincante Nilüfer Göle, avec toutes les conséquences réglementaires que cela implique pour normer esthétiquement la « scène d'apparition » constituée par l'espace public[9]. Voilà finalement un jeu de parallaxe, qui est un effet d'optique à la fois simple et prodigieux. Précisément c'est « l'incidence du changement de position de l'observateur sur l'observation d'un objet »[10]. Ainsi, selon le regard que l'on porte sur la normativité, l'apparence peut s'en trouver mécaniquement modifiée.

Ce colloque révéla, enfin, toutes les potentialités de l'apparence pour la normativité. Elle demeure sans conteste d'une grande ambivalence. Pris dans les abîmes de l'apparence, il ne faut jamais s'y tromper ; conscient de la charge de l'apparence, il faut aussi, parfois, savoir la préserver… Beaucoup des contributions ont esquissé une problématique fondamentale, qui peut consister à étudier, pour la norme juridique « la profondeur de l'apparence ». On vise par cette expression l'écart, plus ou moins élevé, entre l'ontologie de la norme (si elle existe) et sa présence en droit (si on peut l'établir). Autrement dit, il s'agit de mesurer la potentielle différence entre la norme « en elle-même et […] telle qu'elle nous apparaît »[11]. Cette possible asymétrie suppose, au préalable, une adhésion analytique à la consistance de la norme, autrement dit, il importe de « savoir comment l'apparence se trouve productrice, par le truchement du contenu, d'une normativité et partant, d'un comportement prescrit »[12].

Cette problématique transversale est fort commune pour l'appréciation des faits. Elle fut limpidement mise en évidence par Fabien Bottini au cœur d'une dialectique entre capacité et incapacité des autorités politiques normatives à maîtriser, voire à transformer, le

---

[8] V. la contribution de Marta TORRÉ-SCHAUB au sein de cet ouvrage.
[9] V. la contribution de Nilüfer GÖLE au sein de cet ouvrage.
[10] Dictionnaire numérique du Centre national de ressources textuelles et lexicales.
[11] FOULQUIE Paul et SAINT-JEAN Raymond, *Dictionnaire de la langue philosophique* (1962).
[12] V. les propos introductifs d'Abraham LE GUEN et de Noémie LE PEUVÉDIC au sein de cet ouvrage.

cours des choses[13]. Dans une formulation positiviste classique, il suffit de citer l'article 1642 du code civil qui, en énonçant que « le vendeur n'est pas tenu des vices apparents », traduit bien une superposition manifeste entre l'apparence de la chose et la chose qui apparaît. Selon l'adage hugolien, c'est bien une expression de la tension entre la forme (apparente) et le fond (dissimulé)[14]. Cette problématique se prolonge avec pertinence en recourant, dans plusieurs contributions, à l'éthique, à la bonne foi, à la loyauté, à la sincérité portée en droit par un principe à « l'impossible définition » démontrée avec brio par Alexandre Guigue[15]. On peut encore arrimer la réflexion à la confiance pour mettre en évidence ce que l'on choisit de montrer, ou non. Ainsi que l'a souligné, avec malice, Noémie Le Peuvédic, il existe en droit des « artifices esthétiques », lesquels rejoignent ceux remarquablement décrits par Noé Wagener lorsque la norme sert au maintien d'un site historique, en l'état de ruine, pour éviter sa dégradation... La profondeur de l'apparence de la normativité rencontre des écueils similaires.

La fidélité aux travaux impose de revenir, en premier lieu, sur les apparences des normativités (I) puis, en second lieu, sur les normativités des apparences (II). Toutefois, les développements prendront quelques libertés, en suivant des chemins de traverse, sans naturellement prendre leur distance avec les voies scientifiques tracées par les contributions.

I. Les apparences des normativités

Plusieurs interventions ont traduit, même implicitement, que l'apparence joue d'une manière générale sur l'existence de la norme (A) et, plus encore, sur l'efficience de la norme (B). Autrement dit, toute normativité suppose de prendre en considération l'apparence, cela valant autant, mais sans symétrie absolue, pour l'auteur ou le destinataire de la norme.

---

[13] V. la contribution de Fabien BOTTINI au sein de cet ouvrage.

[14] « La forme, c'est le fond qui remonte à la surface ».

[15] V. la contribution d'Alexandre GUIGUE au sein de cet ouvrage.

A. L'apparence et l'existence de la norme

1. Un art de concevoir

L'apparence est, d'abord, un art de concevoir, car elle peut intervenir dès l'identification des sources normatives ou dans la compréhension de la naissance du droit. Comme l'a mis en lumière Fabien Bottini, on peut légitimement s'interroger sur le caractère performatif, ou non, de l'apparence dans sa capacité à faire la norme juridique afin de porter des actions politiques[16]. À cet égard, la coutume offre une illustration des plus probantes. Ainsi, dans ses *Institutes coutumières*, Loisel les aborde en considérant qu'elles « ont apparence de règle ou de sentence »[17]. Mais encore, l'article 38 du statut de la Cour internationale de justice admet expressément cette source de légalité[18]. La coutume internationale est alors « une preuve d'une pratique générale acceptée comme étant le droit ».

Sans doute objectera-t-on avec raison que « l'apparence » n'est pas formalisée par cette disposition. Toutefois, la reconnaissance de l'usage suppose implicitement une « mise en apparence » de la pratique. C'est un préalable indispensable pour constituer la norme internationale. L'apparence intervient donc ici comme un élément de reconnaissance de la règle juridique. Elle sert, au premier stade, à l'établissement d'une norme, qui doit apparaître comme telle pour la communauté sociale. En ce sens, les traces laissées par l'histoire juridique convergent pour admettre que l'on « saisit la coutume lorsqu'elle est bien établie, reconnue, invoquée en justice, prouvée par l'opinion publique ou le témoignage des anciens, en attendant que des écrits en conservent la teneur »[19]. Il est possible de déduire du processus de formation de la

---

[16] V. la contribution de Fabien BOTTINI au sein de cet ouvrage.

[17] LOISEL Antoine, *Institutes coutumières*, éd. H. Le Gras, 1637, p. 3.

[18] « La Cour, dont la mission est de régler conformément au droit international les différends qui lui sont soumis, applique : [...] la coutume internationale comme preuve d'une pratique générale acceptée comme étant le droit ».

[19] GAUDEMET Jean, *Les naissances du droit*, Montchrestien, 4e éd., 2006, p. 34.

coutume sous les yeux de ses usagers qu'elle « est fréquemment subie par le groupe à la manière des déterminismes sociaux »[20].

2. Un art de percevoir

L'apparence est, ensuite, un art de percevoir. Elle joue dans le processus de réception des normes par les interprètes. Et c'est une phase d'autant plus critique en raison de l'apparente complexité des textes juridiques contemporains. On retrouve ici l'opposition structurante entre une sorte d'essentialisme à la Montesquieu, c'est-à-dire l'interprétation des juges bornée par la fidélité normative aux apparences de l'énoncé ; et le courant réaliste, au sein duquel l'interprétation est davantage prescriptive. Elle donne à la norme une signification, qui peut rompre avec les apparences textuelles.

Dans l'histoire jurisprudentielle administrative, il demeure quelques moments de fameuses ruptures. Tandis que la loi du 23 mai 1943 énonçait que l'octroi d'une concession ne pouvait « faire l'objet d'aucun recours administratif ou judiciaire », la décision *Dame Lamotte*[21] brandit le principe de l'ouverture systématique du recours pour excès de pouvoir… simple oubli du législateur de l'époque (même un Candide n'y croirait pas). Mais, en tout état de cause, les apparences furent sauvées par l'art de percevoir qu'est l'interprétation juridique. Outre cette affaire exceptionnelle, la lecture juridictionnelle de la pratique informelle, proposée par Julie Pralus, illustre très bien la force de l'apparence pour l'interprétation de l'impérativité et l'ouverture du recours[22]. Cette perception de la norme rappelle les désaccords philosophiques – dont toute la journée s'est faite l'écho – sur la distinction entre apparence et réalité que l'on peut présenter à grands traits. Pour un platonicien, l'apparence est une version appauvrie de la réalité. Au contraire, chez un Hegel, l'apparence est indispensable à l'essence. C'est pourquoi la représentation artistique peut traduire une

---

[20] VIRALLY Michel, *La pensée juridique*, LGDJ, 1960, rééd. Panthéon-Assas, 2010, p. 164.

[21] CE, Ass., 17 févr. 1950, *Min. de l'agriculture c/ Dame Lamotte*, Rec., p. 110 ; *RDP*, 1951, p. 478, concl. J. Delvolvé, note M. Waline.

[22] V. la contribution de Julie PRALUS au sein de cet ouvrage.

réalité plus immédiate, Nietzche revendiqua même une « vie dans l'apparence ». Comme pour la norme juridique, l'interprétation des apparences devient ainsi un phénomène d'appropriation.

B. L'apparence et l'efficience de la norme

Au terme de cette recherche collective, on est convaincu que l'apparence intervient également comme un paramètre de l'efficience de la norme. Celle-ci est un art de montrer, une façon de mettre en scène la production normative. Elle sert aussi au processus de connaissance de la norme produite au moment de son application.

1. Un art de montrer la production de la norme

Les dernières décennies ont vu éclore un art de montrer la production de la norme. Une telle observation peut sembler excessivement banale dans une société contemporaine de « surcommunication ». Toutefois, la promotion de la transparence semble désormais comprise comme une nécessité de l'action publique. Utile à l'acceptation et au respect des normes, elle ne s'est imposée qu'assez récemment. Auparavant, une opacité bien pesée – qui traduisait le refus de donner une apparence – pouvait sembler consubstantielle à l'exercice du pouvoir étatique dont la production normative est un fort attribut. En ce sens, il convient de souligner combien « le secret demeurait donc le principe, la transparence l'exception »[23] en matière administrative. Notons que l'apparence joue bien en amont de la règle juridique, par exemple dans la « normativité dialoguée » évoquée par Noémie Le Peuvédic[24]. Elle intervient comme un gage de légitimité et potentiellement d'efficience. Vue du contrat social démocratique, « l'apparence normative est bien un critère de légitimité » avec – comme l'a mis en récit Maria Savranina – le risque que « des simulacres d'apparence » en menacent les

---

[23] BUI-XUAN Olivia, « Les secrets de l'administration », *RDP*, 2012, p. 1119.

[24] V. les propos introductifs d'Abraham LE GUEN et de Noémie LE PEUVÉDIC au sein de cet ouvrage.

fondements philosophiques ou que les normes constitutionnelles fragilisent ces apparences[25].

Il s'agit en particulier, dans la procédure de décision, de cultiver l'apparence toute singulière qu'est la transparence, soit l'exigence de montrer sans l'altérer le processus juridique, le fonctionnement institutionnel, pour en permettre une connaissance. Elle s'exprime dans la transparence des débats parlementaires, incarnée par le principe séculaire de publicité des débats. Mais elle « va plus loin » comme l'a exposé de manière convaincante Ulysse Guttmann, car elle suppose « l'absence d'intermédiaire » tout en confinant parfois au « spectaculaire »[26]. À cet égard, on souscrit volontiers à la tempérance souhaitée – avec truculence – par le président Raynal, intimant les parlementaires à ne pas « apparaître en majesté ». La transparence a surtout la prétention de « renforcer la démocratie », avec pour écueil une profusion textuelle contreproductive fort bien soulignée par Alexandre Guigue[27]. Elle s'exprime encore dans les instruments de la démocratie directe, qui vont de la consultation ouverte pour déterminer le nom de la région Occitanie à la Convention citoyenne pour le climat (avec des succès très contrastés). Elle s'exprime, enfin, dans la transparence de la passation contractuelle, qui est consacrée par l'article L. 3 du Code de la commande publique[28]. Elle déploie de puissants effets normatifs pour porter à la connaissance des opérateurs les critères de sélection ou pour organiser de saines négociations.

2. Un art de montrer la norme produite

Le caractère d'efficience ou plus précisément d'opposabilité est, en principe, fonction d'un art de montrer la norme produite. La règle doit être portée à la connaissance de ses destinataires, elle doit leur apparaître. C'est une mise en scène de la norme à travers les exigences

[25] V. la contribution de Maria SAVRANINA au sein de cet ouvrage.

[26] V. la contribution d'Ulysse GUTTMANN au sein de cet ouvrage.

[27] V. La contribution d'Alexandre GUIGUE au sein de cet ouvrage.

[28] « Les acheteurs et les autorités concédantes respectent le principe d'égalité de traitement des candidats à l'attribution d'un contrat de la commande publique. Ils mettent en œuvre les principes de liberté d'accès et de transparence des procédures, dans les conditions définies dans le présent code ».

de publicité ou de communication. On songe naturellement aux différentes mesures d'affichage publique, qui s'imposent aux mesures de police administrative. Il s'agit de l'apparence de la norme existante dans un espace public, ce qui permet de faire entrer la production normative dans le quotidien du citoyen de passage. Au-delà des différences techniques importantes, on peut mentionner le procédé de notification des décisions individuelles ; c'est l'apparence de la norme dans l'espace privé. Dans le même esprit, on pourrait s'interroger sur les effets de la numérisation des relations entre le public et l'administration. Elle réduit, peut-être, cette théâtralisation de l'apparence de la norme tout en offrant des garanties juridiques semblables.

Il convient aussi de mesurer les limites inhérentes à la norme produite, notamment lorsqu'il s'agit de simples objectifs. Comme l'a montré Marta Torré-Schaub, la planification est apparence d'une action au regard de la réalité de la crise climatique, mais c'est « un leurre », qui « fragilise la permanence normative »[29]. Cela n'empêche sans doute pas la reconnaissance d'une certaine charge normative, mais « l'effectivité n'est qu'apparence » selon l'intervenante, qui utilise l'apparence comme une absence d'adéquation entre la représentation de l'acte et la réalité juridique. On mesure aussi les limites du recours au résultat, notamment le recours aux algorithmes. Finalement, cela offre une apparence de rationalité ou d'objectivité désincarnée de politiques, ayant valeur de vérité intangible, selon la présentation dressée par Albert Ogien[30]. Il est tentant de conclure qu'il existe, au moins, autant d'apparences normatives qu'il existe de normes juridiques. Elles se donnent à voir dans tous leurs états. Et s'il s'agit d'une condition nécessaire à l'efficience normative, elle n'est sans doute pas suffisante, elle est peut-être même trompeuse…

---

[29] V. La contribution de Marta TORRÉ-SCHAUB au sein de cet ouvrage.

[30] V. La contribution d'Albert OGIEN au sein de cet ouvrage.

II. Les normativités des apparences

À l'issue de cette manifestation scientifique, plusieurs travaux permettent de se convaincre que les apparences – dans toute leur diversité – sont saisies par la norme en droit public. Par un mouvement inversé, s'il existe une apparence des normativités, il existe également des « normativités des apparences ». Elles font la règle juridique et dépassent la condition d'objet juridique. Cela interroge quant aux natures possibles de l'apparence (A) ; cela conduit aussi à faire de l'apparence une lecture technique ou positiviste de ses fonctions (B).

A. Les natures de l'apparence

Élevée au rang enviable des théories juridiques, l'apparence semble toutefois peiner à voir sa nature normative précisée.

1. Une portée théorique

Consacrée en droit privé, comme en droit européen, la fameuse « théorie des apparences » est potentiellement exportable en droit public. Elle fait non seulement écho aux discours doctrinaux phénoménologiques[31], mais elle trouve surtout des applications positives à travers une forme impensée, ou du moins innommée, de

[31] S'il recouvre plusieurs doctrines, philosophiques, morales, juridiques, ce courant permet d'introduire une relation entre la perception des apparences, à travers les sens notamment, et la réalité des phénomènes. Ainsi, le premier principe qui guide cette analyse peut se résumer ainsi : « « autant d'apparence, autant d'être » est emprunté à l'école de Marburg. À cette proposition équivoque, en raison de la double signification du terme d'« apparaître », nous préférerons cet énoncé rigoureux : « autant d'apparaître, autant d'être » » (HENRY Michel, « Quatre principes de la phénoménologie », *in De la phénoménologie*, PUF, 2003, p. 77). V. plus généralement, sur la question de la phénoménologie juridique, AMSELEK Paul, *Cheminements philosophiques dans le monde du droit et des règles en général*, Armand Colin, 2012.

conceptualisation. On remarquera toutefois que les juges constitutionnel et administratif semblent nourrir certaines réticences à ce propos. Voilà un signe probable d'une « apparence de contrôle juridictionnel » selon la suggestion faite par Danièle Lochak durant nos débats. Il faut convenir que leurs jurisprudences font preuve d'une grande précaution en n'explicitant jamais la présence d'une authentique « théorie des apparences »[32] dans le monde étroit du droit public.

Ainsi une recherche jurisprudentielle révèle-t-elle que le terme « apparence » est uniquement présent dans sept décisions rendues par le Conseil constitutionnel… Tour à tour, « l'apparence de généralité »[33] d'une disposition fut invoquée pour contester la satisfaction d'intérêts particuliers, ou « l'apparence »[34] de majoration des recettes et dépenses de l'État. Cependant, la moisson est des plus médiocres ! Elle n'est guère plus enthousiasmante pour la jurisprudence administrative. Une centaine de décisions publiées seulement, c'est assez maigre. En revanche, les utilisations sont bigarrées : tout récemment, « l'apparence » a servi pour consacrer la neutralité des avocats avec le port de la robe[35] ; en matière de contrôle fiscal – domaine de la dissimulation par excellence – avec « l'apparence de dividendes »[36] ; ou encore comme critère « d'apparence de fonctionnement juridictionnel » d'un organe pour l'application du principe d'impartialité[37]. L'apparence peut aussi être maintenue par la force théorique de la norme. Comme l'a parfaitement montré Noé Wagener, c'est l'instrument juridique qui permet alors de donner le pouvoir de conservation. C'est une apparence décidée, celle de la commune d'*Auradour-sur-Glane* et de sa sombre histoire, maintenue sans vie par transfusion juridique et plongée dans « l'apparemment vrai ». Reste que

---

[32] Les décisions rendues par le Conseil d'État sont fort rares (seules quatre ressortent d'une recherche rapide sur le site Légifrance) et elles ne sont guère significatives. Il semble par ailleurs qu'aucune décision constitutionnelle ne fasse explicitement mention de cette théorie.

[33] CC, 16 janv. 1986, *Loi portant diverses dispositions d'ordre social*, n° 85-204 DC, *JO*, 18 janv. 1986, p. 923.

[34] CC, 26 janv. 2017, *Loi relative à l'égalité et à la citoyenneté*, n° 2016-745 DC, *JO*, 28 janv. 2017, texte n° 2.

[35] CE, 3 mars 2025, *Syndicat des avocates de France*, n° 490505.

[36] CE, 29 nov. 2024, *M. A.*, n° 487707.

[37] CE, avis, 21 déc. 2018, *Agence nationale de l'habitat*, n° 424520.

la diversité semble constituer un frein à la théorisation des apparences, malgré leur présence doctrinale et jurisprudentielle.

2. Une nature normative

Tout en recouvrant une portée théorique, tout en présentant des applications concrètes, l'apparence peine à trouver une consécration normative. Un tel constat ressort implicitement de plusieurs contributions, sans toujours parvenir à mesurer avec précision la distance qui sépare l'apparence de la norme. À la différence du principe de transparence, dont la pleine reconnaissance en droit public économique accompagne une philosophie libérale bien connue[38], il est malaisé d'identifier un principe d'apparence. D'ailleurs, on conçoit assez mal quelle serait sa substance propre. Là encore, on échappe bien difficilement à la grande variété des situations. À titre illustratif, en témoigne la double représentation parlementaire – c'est-à-dire le mandat et l'incarnation – qui fait l'objet d'une consécration constitutionnelle, avec toutes les ambiguïtés et les risques relevés par Lune Bousselmania. Non seulement il s'agit d'une façon de normer l'apparence, mais on peut aussi la concevoir comme une apparence institutionnalisée en droit. Peut-être le droit public, héritier de la doctrine duguiste, conserve-t-il un attachement trop grand à l'objectivisme ? Avec sa vigueur, l'illustre juriste pouvait affirmer : « Il y a eu des philosophes qui ont dénié aux phénomènes objectifs perceptibles leur réalité, mais cette dénégation a été méprisée par tous, de tout temps, car les phénomènes que les physiciens et biologistes constatent sont réels, ou, du moins, tout se passe comme s'ils l'étaient. Les philosophes qui débattent à propos de ce qui se voit dans la réalité perdent leur temps. Il n'y a aucun fait constatable par un physicien qui ne soit pas réel »[39]. Malgré une tendance à l'utilitarisme, malgré une évolution de la légalité, l'apparence comme norme se dessine dès lors de manière impressionniste.

---

[38] CJCE, 7 déc. 2000, *Telaustria Verlags GmbH*, n° C-324/98.

[39] DUGUIT Léon, *Le pragmatisme juridique*, conférences prononcées à Madrid, Lisbonne et Coïmbre (1923), prés. S. Gilbert, La mémoire du droit, 2008, p. 157.

B. Les fonctions de l'apparence

Quitte à adopter une lecture simplificatrice, on peut raisonnablement soutenir que l'apparence remplit, au moins, deux fonctions importantes dans une approche positiviste et technique du droit public. D'une part, elle couvre les illégalités et, d'autre part, elle renforce la légalité. Sans doute existe-t-il une variété d'utilisations potentielles au regard de la norme, mais ces hypothèses en miroir sont particulièrement évocatrices dans une analyse fonctionnaliste.

1. Couvrir les illégalités

Parfois, les faits apparents sont tenaces au point de contrecarrer, ou de couvrir, les illégalités qui entachent les actes juridiques. La jurisprudence administrative recourt ainsi, et depuis longtemps, à quelques constructions singulières, dont « la théorie du fonctionnaire de fait »[40]. Dans ces situations, la portée normative est remarquable, puisque l'apparence factuelle sauve de l'irrégularité juridique. En effet, bien qu'irrégulièrement nommé, l'agent public « doit être regardé comme légalement investi de ces fonctions »[41] tant qu'une annulation n'est pas prononcée par le juge habilité. Le réalisme supposé par ce contrôle de l'apparence assure particulièrement la sécurité juridique[42]. De ce seul fait, on ne saurait en déduire que les actes édictés par cette autorité de fait sont illégaux. Il est aussi la traduction tangible de la puissance conférée à la croyance légitime des individus dans leurs relations avec les pouvoirs publics. On notera, au passage, que le vice

---

[40] On la retrouve notamment dans des circonstances d'absolue nécessité. V. not., JEZE Gaston, « Essai d'une théorie générale des fonctionnaires de fait », *RDP*, 1914, p. 57 : « si les individus qui font fonctionner les services publics pouvaient être considérés comme des usurpateurs de fonctions publiques, si les actes accomplis par eux étaient juridiquement inexistants, il en résulterait un arrêt brusque, plus ou moins long, du fonctionnement du service public ».

[41] CE, Sect.,16 mai 2001, *Préfet de Police c/ M. Ihsen Mtimet*, n° 231717.

[42] Cela conduit le juge administratif à porter une appréciation sur l'aptitude du fonctionnaire de fait à exercer normalement les fonctions, v. CE, 13 avr. 2018, *Mme A. c/ Commune de Gennevilliers*, n° 410411.

couvert est ni plus ni moins que l'incompétence de l'auteur. De sorte que peu d'irrégularités échappent à la force d'inertie de l'apparence, laquelle est une manière de créer un « espace de vérité juridique » évoqué par Abraham Le Guen, dès l'ouverture de la journée. Néanmoins, une telle jurisprudence est utilisée de manière très circonscrite[43]. On ne saurait en démesurer la portée pratique tant la prudence est cultivée par le juge. De surcroît, l'illégalité demeure bien présente, elle ne disparaît pas du droit positif même si elle est appelée à disparaître. Voilà pourquoi la protection offerte par le recours aux apparences est précaire. Du reste, pareille théorie joue d'autant moins que la méconnaissance de la légalité supporte désormais de nombreux mécanismes compensatoires auxquels le juge administratif n'hésite plus à recourir, ce qui peut éventuellement le dispenser de s'en remettre aux apparences.

2. Renforcer la légalité

Bien souvent, le recours à l'apparence sert au renforcement des mécanismes de légalité. Il faut directement concéder que les résultats peuvent s'avérer médiocres, c'est alors un renforcement de façade. En ce sens, Alexandre Guigue a rappelé « l'impasse de la sanction » du travestissement des apparences, de l'insincérité budgétaire, même démasquée[44]. En revanche, l'apparence demeure très précieuse en matière probatoire. Elle peut ainsi servir à étendre l'application d'une qualification juridique à certaines situations, à défaut de preuve certaine. En ce sens, la décision *Transparence de la vie publique* admet la conformité de la législation « étendant l'appréciation du conflit d'intérêts [aux] cas d'apparence d'influence »[45]. En l'absence de certitude, l'apparence joue en conséquence pour renforcer l'action

---

[43] Il est possible de percevoir des applications comparables en matière d'élections municipales. Ainsi, « un membre du bureau du conseil général, irrégulièrement élu aux fonctions qu'il occupe au sein de ce bureau doit être regardé comme légalement investi de ces fonctions tant que son élection n'a pas été annulée » (CE, Ass., 2 déc. 1983, *M. Charbonnel*, n° 43541).

[44] V. la contribution d'Alexandre GUIGUE au sein de cet ouvrage.

[45] CC, 9 oct. 2013, *Loi organique relative à la transparence de la vie publique*, n° 2013-675 DC, *JO*, 12 oct. 2013, texte n° 7.

publique en étendant le champ de qualification. De même, la lutte contre les discriminations bénéficie du recours aux apparences pour dépasser de simples qualifications directes et inclure des pratiques discriminatoires difficiles à caractériser. Ainsi l'article 1er de la loi du 27 mai 2008[46] énonce-t-il que « constitue une discrimination indirecte une disposition, un critère ou une pratique neutre en apparence, mais susceptible d'entraîner [...] un désavantage particulier pour des personnes ». C'est en regardant au-delà des apparences que se découvrent les inégalités, ce qui revient encore à une forme de consolidation de la légalité. Dans ces situations, la légalité est bien renforcée soit par la prise en compte des apparences, soit par la mise à l'écart des apparences.

Au terme de cet ouvrage, la « chambre détruite » de Jeff Wall apparaît presque rangée. Il reste bien un peu de désordre, çà et là, dans les coins du droit public. Néanmoins, apparences et normativités semblent cohabiter désormais de façon plus apaisée. Une chose est certaine : « *apparaître ou ne pas apparaître ? Telle ne sera plus la question...* ».

---

[46] Loi n° 2008-496 du 27 mai 2008 portant diverses dispositions d'adaptation au droit communautaire dans le domaine de la lutte contre les discriminations, *JO*, 28 mai 2008, texte n° 1.

Structures éditoriales du groupe L'Harmattan

L'Harmattan Italie
Via degli Artisti, 15
10124 Torino
harmattan.italia@gmail.com

L'Harmattan Hongrie
Kossuth l. u. 14-16.
1053 Budapest
harmattan@harmattan.hu

L'Harmattan Sénégal
10 VDN SICAP AMITIE 3
BP 45034 Dakar-Fann
direction@senharmattan.com

L'Harmattan Cameroun
Tsinga/Derrière polyclinique FECAFOOT
BP 11486 Yaoundé
Jacques.koukam@harmattan.fr

L'Harmattan Burkina Faso
Villa 281, secteur 23 623, rue 14.32
Ouagadougou
zagbie@outlook.fr

L'Harmattan Guinée
Almamya, rue KA 028 OKB Agency
BP 3470 Conakry
harmattanguinee@yahoo.fr

L'Harmattan RDC
185, avenue Nyangwe
Commune de Lingwala – Kinshasa
matangilamusadila@yahoo.fr

L'Harmattan Congo
219, avenue Nelson Mandela
BP 2874 Brazzaville
deunovmikhael@gmail.com

L'Harmattan Mali
Immeuble Mgr Jean Marie Cissé
Aci Hamadallaye
BP 145 Bamako
syllaka@yahoo.fr

L'Harmattan Togo
Djidjole – Maison Amela
face EPP BATOME
02 BP 20680 Lomé
didieramela11@gmail.com

L'Harmattan Côte d'Ivoire
Résidence Karl – Cité des Arts
Abidjan-Cocody
03 BP 1588 Abidjan
harmattan.ivoire@gmail.com

L'Harmattan Bénin
Rue 604, (Immeuble à l'entrée
de la rue UCAO- Cite de Saint-Jean)
Cotonou
stepcorpus@gmail.com

Nos librairies en France

Librairie internationale
16, rue des Écoles
75005 Paris
librairie.internationale@harmattan.fr
01 40 46 79 11
www.librairieharmattan.com

Librairie des savoirs
21, rue des Écoles
75005 Paris
librairie.sh@harmattan.fr
01 46 34 13 71
www.librairieharmattansh.com

www.ingramcontent.com/pod-product-compliance
Lightning Source LLC
LaVergne TN
LVHW050815061126
851857LV00012B/823
* 9 7 8 2 3 3 6 6 1 4 0 0 7 *